Ciarán Mc Mahon

A PSICOLOGIA DA MÍDIA SOCIAL

Tradução
Sonia Augusto

Título original: *The Psychology of Social Media*
A psicologia da mídia social
© 2019 Ciarán Mc Mahon
© 2021 Editora Edgard Blücher Ltda.

All rights reserved. Authorised translation from the English language edition published by Routledge, a member of the Taylor & Francis Group

Publisher Edgard Blücher
Editor Eduardo Blücher
Coordenação editorial Jonatas Eliakim
Produção editorial Bonie Santos
Preparação de texto Bárbara Waida
Diagramação Negrito Produção Editorial
Revisão de texto MPMB
Capa Leandro Cunha

Blucher

Rua Pedroso Alvarenga, 1245, 4º andar
04531-934 – São Paulo – SP – Brasil
Tel.: 55 11 3078-5366
contato@blucher.com.br
www.blucher.com.br

Segundo o Novo Acordo Ortográfico, conforme 5. ed. do *Vocabulário Ortográfico da Língua Portuguesa*, Academia Brasileira de Letras, março de 2009.

É proibida a reprodução total ou parcial por quaisquer meios sem autorização escrita da editora.

Todos os direitos reservados pela Editora Edgard Blücher Ltda.

Dados Internacionais de Catalogação
na Publicação (CIP)
Angélica Ilacqua CRB-8/7057

Mahon, Ciarán Mc

A psicologia da mídia social / Ciarán Mc Mahon ; tradução de Sonia Augusto. – São Paulo : Blucher, 2021.
118 p. (A Psicologia de Tudo)

Bibliografia
ISBN 978-65-5506-309-7 (impresso)
ISBN 978-65-5506-307-3 (e-book)

1. Midia social – Psicologia 2. Midia social – Aspectos psicológicos 3. Redes sociais – Psicologia I. Título. II. Série.

20-4321   CDD 302.23

Índice para catálogo sistemático:
1. Mídia social – Psicologia

CONTEÚDO

Agradecimentos 7

1. Introdução 9

2. Perfis 19

3. Contatos 33

4. Atualizações 47

5. Mídia 63

6. Mensagens 79

7. Valores 97

Leituras complementares 117

AGRADECIMENTOS

Este livro não teria acontecido sem a ajuda de diversas pessoas. Sou profundamente grato ao apoio e ao auxílio de Eleanor Reedy durante toda a sua criação. Eu também gostaria de agradecer ao assistente dela, Alex Howard, e a sua antecessora, Elizabeth Rankin. Além disso, também gostaria de agradecer a Lucy Kennedy, a seu antecessor, Michael Strang, e à editora de produção Katie Hemmings, que me apresentou à série *A Psicologia de Tudo*, para a qual me orgulho de ter contribuído.

Por muito tempo, tive a ambição de ser publicado pela Routledge, e todas as interações que tive com essa famosa editora nasceram desse sonho. Do início ao fim, todos na Routledge foram excepcionalmente profissionais, sabiamente encorajadores e profundamente compreensivos.

Eu também gostaria de agradecer aos quatro revisores da proposta deste livro, cujas sugestões o melhoraram imensuravelmente. Os comentários deles foram uma parte valiosa deste processo.

Devo também aproveitar a oportunidade para agradecer a todos que usam a mídia social: seus esforços me apresentaram um incrível assunto de pesquisa. Acredito que este livro os ajudará a se aprimorarem. Eu gostaria de agradecer aos meus próprios contatos nas mídias sociais, no Twitter, no Facebook e em outros lugares, que por muitos anos foram um valioso poço de curiosidade para mim.

Além disso, gostaria de estender um agradecimento sincero aos designers e engenheiros dos serviços mencionados nas páginas a seguir: espero que a leitura deste livro facilite o trabalho de vocês.

Eu também gostaria de agradecer a todos os autores que citei: o trabalho de vocês me inspirou a atingir uma profundidade que eu não pensava ser possível.

Também me sinto muito grato pelo amor dos meus pais e da família – minha e da minha esposa. Do mesmo modo, eu me lembro de que "minha glória foi ter amigos" – muito obrigado a vocês também. Finalmente eu tenho algo a mostrar a todos vocês! Obrigado por sua paciência. Este livro é dedicado a minha maravilhosa esposa, Helen. Eu não poderia tê-lo escrito sem você – tudo em mim precisa de tudo em você. Ele é igualmente dedicado a nossos filhos perfeitos, Hugh e Thomas. *Ambo pares virtute, pares et honoribus ambo.*

1

INTRODUÇÃO

Este livro aborda a *psicologia* da mídia social.[1] Ele é uma tentativa de explicar como uma parte tão grande de nossa vida diária e da cultura moderna ficou saturada com esses serviços incrivelmente populares e atraentes. Vamos responder a perguntas como estas:

- Como expressamos nossa identidade nos rígidos perfis da mídia social? Por que ser "real" na mídia social parece um trabalho tão duro? Por que algumas pessoas acham o *fraping*[2] divertido, mas outras não? Ainda podemos ser nós mesmos em ambientes anônimos?

---

1 Estou falando sobre o *fenômeno* da mídia social, seus aspectos e seus efeitos psicológicos. Assim, estou usando o termo "mídia social". Quando usar no sentido plural, vou especificar melhor usando o termo "serviços de mídia social".

2 Alterar informações no perfil de uma pessoa em uma rede social sem a sua permissão, geralmente uma "pegadinha" entre amigos [N.T.].

- Há algum benefício em nos conectarmos com pessoas que mal conhecemos? Quais serviços são melhores para manter amizades significativas? Existe um limite para o número de pessoas com quem devemos nos conectar? Como lidamos com a possibilidade de falar com tantas pessoas de uma só vez? E como podemos evitar a disseminação de FOMO[3] entre elas?
- Por que dizemos coisas em nossas atualizações de status que não diríamos no "mundo real"? Por que parecemos entender as questões de privacidade, mas continuamos a colocar muitas informações pessoais em nossas atualizações de status? Seria melhor se nossas atualizações desaparecessem com o tempo? Qual é a sensação de ter todas as suas antigas atualizações na mídia social ainda presentes, anos depois?
- Qual é o sentido de compartilhar imagens que vão desaparecer? Por que as pessoas compartilham seus dados de localização junto com as fotos na mídia social? Por que as pessoas gostam de transmitir vídeos ao vivo de suas vidas pessoais? Será que você pode fazer amigos postando muitas fotos suas online?
- O que significa quando alguém demora muito para responder a uma mensagem privada? Quando é uma boa ideia fazer *subtweeting*?[4] Por que as pessoas às vezes escrevem em seu perfil, mas outras vezes enviam uma mensagem? Por que algumas pessoas preferem a troca de mensagens à mídia social?

Uma coisa que a psicologia e a mídia social têm em comum é que muitas pessoas têm opiniões a respeito delas. Todo mundo tem experiências pessoais com a psicologia e todos nós especulamos sobre o comportamento humano que observamos. O mesmo acontece com a mídia social: todos que a usam têm uma teoria sobre aquilo que experienciam. Talvez você já tenha algumas ideias sobre as perguntas anteriores.

---

3   *Fear Of Missing Out*, ou "medo de ficar de fora" [N.T.].
4   Falar de um usuário do Twitter sem "mencioná-lo" (usando @) ou mesmo sem citar nomes; seria como falar de alguém "pelas costas" ou mandar uma "indireta" [N.T.].

Obviamente, em um livro curto como este, seria impossível dar respostas amplas a elas. Mas você também não vai ler avaliações unidimensionais. A mídia social é simplesmente um fenômeno amplo demais para receber um veredito simples como "curti/não curti". Assim, *A psicologia da mídia social* vai afastar seus preconceitos e levar você mais adiante nos detalhes do estudo desses assuntos fascinantes – uma leitura concisa e seletiva da bibliografia disponível sobre o assunto.

O QUE É MÍDIA SOCIAL?

Este livro está estruturado ao redor dos recursos mais reconhecíveis da mídia social, ou seja, perfis, contatos, atualizações, mídia e mensagens. Mas, embora a maioria das pessoas reconheça um serviço de mídia social quando o vê, isso não significa que ele seja fácil de descrever.

Um conceito equivocado é que "mídia social" muitas vezes é usado como sinônimo de "rede social". Na verdade, uma "rede social" é um conceito que já existia muito antes do surgimento da internet. Ele se refere a um grupo de pessoas que se conhecem ou que estão conectadas de alguma maneira. Todos nós temos nossas próprias redes sociais – nossos amigos, nossa família e nossos colegas –, e elas se superpõem e interagem com as redes sociais das outras pessoas. A tecnologia não é um requisito de uma rede social – até mesmo os animais têm redes sociais, e aparentemente algumas plantas também. Esse termo tem sido usado nas ciências sociais por muitos anos, mas se tornou mais popular durante a década de 1990, conforme sugiram melhores técnicas estatísticas para analisar as redes.

Durante esse período, a internet tornou-se disponível publicamente nos Estados Unidos, e logo depois no resto do mundo. Mais para o final do milênio, ocorreu uma revolução no conteúdo gerado para o usuário, conhecida como "Web 2.0", o que significou que os sites se tornaram mais interativos e amigáveis para os usuários. Surgiram muitos serviços que começaram a se parecer com o que vemos atualmente na mídia social. Quadros de avisos, comunidades virtuais e sites de encontros online criaram mais maneiras para que as pessoas ficassem online, desenvolvessem sua psicologia e interagissem umas com as outras.

Mas, na maioria dos casos, os usuários estavam restritos a se conectar com pessoas que eles já conheciam. Um desenvolvimento crucial aconteceu quando a SixDegrees.com permitiu que seus usuários se conectassem com outros usuários cujo endereço de e-mail não conheciam. Eles fizeram isso permitindo que os usuários pesquisassem as "redes sociais" de seus amigos, escolhessem um perfil e enviassem uma solicitação de amizade.

Porém, parece que os usuários da internet ainda não estavam prontos para isso. Talvez a ideia de se conectar com estranhos ainda parecesse arriscada, e a SixDegrees fechou depois de alguns anos. Mas, depois, essa ideia básica pegou e foi imitada em muitos outros serviços, como Friendster e Tribe. Esses foram os serviços originais de "rede social": como em uma reunião de negócios, você podia "entrar em contato" com novas pessoas que ainda não conhecia.

Mas, por volta de 2010, conforme aumentou a capacidade para compartilhar fotos e vídeos, o termo "mídia social" se tornou mais popular. Alguns sites se anunciavam como desenvolvidos explicitamente para compartilhar formas específicas de mídia digital – Lâst.FM, para compartilhar música online, YouTube, para vídeo, e Flickr, para fotografias. Usar o termo "mídia social" era útil para que se distinguissem de sites como Friendster, Myspace e Bebo, que eram voltados principalmente para as redes sociais.

No entanto, essa distinção já não é mais útil. Quase todos os sites que anteriormente teriam sido classificados como um site de rede social agora dão a seus usuários a capacidade de compartilhar a maior parte das formas de mídia digital. Então, atualmente, embora os termos "site de rede social" ou "serviço de rede social" estejam um pouco obsoletos, eles essencialmente se referem aos mesmos serviços que chamamos de "mídia social".

Mas, às vezes você ouve o Twitter ou o LinkedIn serem chamados de "rede social". Por que isso está errado? Respondendo de modo resumido, isso é incorreto porque confunde um conceito sociológico com um serviço tecnológico. Se o Twitter cobrisse *toda* a rede social humana, então ele seria um serviço e tanto, não é? Mais ainda, dizer que o Facebook é uma rede social implica que todos com uma conta lá tenham um contato significativo com cada uma das outras contas lá. Do mesmo modo, quando os serviços de mídia social chamam a si mesmos de "comunidade", isso também amplia demais a credibilidade do conceito – em várias centenas de milhões de usuários, na verdade.

Além disso, existe alguém cuja rede social inteira – digamos, todas as pessoas com quem ele interage com regularidade – esteja presente em uma determinada plataforma de mídia social? Duvido muito. Como tal, vamos tomar o cuidado de evitar a simplificação exagerada: existem diferenças importantes entre uma rede social e um serviço de rede social.

DE ONDE VEIO A MÍDIA SOCIAL?

Muitas sociedades têm algum tipo de "autotecnologia" que as pessoas usam para tentar colocar algum tipo de ordem em sua vida. Por exemplo, na época dos romanos, as classes cultas usavam livros chamados *hypomnemata* para fazer anotações, escrever lemas e contemplar sua vida cotidiana. Esses livros não tinham nenhuma ordem ou estrutura específica. O objetivo era ajudar alguém a lembrar das coisas. Esse tipo de autotecnologia ainda existe, como o diário – um lugar onde você pode expressar pensamentos, sentimentos e experiências e refletir sobre eles. Mas existem também exemplos mais interativos e sociais de autotecnologia, inclusive a confissão da Igreja Católica Apostólica Romana e diversos métodos de aconselhamento e psicoterapia. Todas essas são formas de autotecnologia: técnicas para que as pessoas comuns coloquem ordem em sua vida de acordo com suas crenças, sejam elas quais forem.

Embora a mídia social certamente tenha ancestrais na história, ela tem suas próprias características, que são únicas a seu contexto do século XXI. Uma diferença óbvia é ela ser tão *pública*. Esse é um dos enigmas mais intrigantes da mídia social: embora seja muito pessoal, como um diário ou um livro de autoajuda, ela é essencialmente uma transmissão pública, como a televisão ou um jornal. Isso torna sua psicologia fascinante, mas também nos dá algumas informações sobre seus valores centrais. Embora as declarações de missão variem entre os serviços, a maioria se baseia em uma filosofia muito simples: vamos nos conectar e compartilhar coisas uns com os outros.

É por isso que uso esta definição psicológica: mídias sociais são os serviços online que incentivam seus usuários a digitalizar e a compartilhar publicamente informações pessoais que anteriormente eram particulares. As tecnologias relacionadas – como e-mail, listas de mala direta eletrônica e mensagens instantâneas – simplesmente não incentivam os usuários a tornar públicos seus detalhes pessoais.

Por exemplo, se você criar uma conta em qualquer serviço de mídia social, mas se recusar a colocar qualquer informação particular ali ou a expressar qualquer opinião, você não vai se divertir muito. Vá em frente, veja quanto tempo você vai durar no Facebook sem trocar sua foto de perfil ou sem curtir alguma coisa. Todos os serviços de mídia social transmitem uma tentativa constante de persuadir os usuários a revelar algo de si mesmos. E, considerando a popularidade contínua desses serviços, parece que, em grande medida, nós gostamos de fazer isso. Os serviços de mídia social funcionam com um motor cujo combustível é a psicologia humana.

COMO É A MÍDIA SOCIAL AO REDOR DO MUNDO HOJE?

A mídia social é um fenômeno intrinsicamente norte-americano. Mas isso não significa que as mídias não apareceram ao redor do mundo em vários formatos e tamanhos locais. Sites como SixDegree, Ryze e Friendster são geralmente considerados os primeiros que permitiram a formação de redes sociais, e todos se originaram nos Estados Unidos. Mas não demorou muito para o interesse por eles se expandir globalmente. FriendsReunited foi desenvolvido no Reino Unido; Mixi, no Japão; CyWorld, na Coreia do Sul; Grono.net, na Polônia; Taringa!, na Argentina; StudiVZ, na Alemanha; Qzone, na China, e muitos outros em outros locais. No entanto, os serviços mais famosos na atualidade ainda têm uma origem claramente norte-americana: Facebook, YouTube, Twitter, Instagram, LinkedIn, Myspace, Snapchat e assim por diante.

Porém, muitos serviços locais lutam para sobreviver. Quase todos os sites de redes sociais que surgiram na Europa acabaram fechando.

Do mesmo modo, podemos perguntar como serviços como o Sina Weibo estariam se os serviços norte-americanos não fossem banidos do mercado chinês. Como regra geral, quanto mais nos distanciamos dos Estados Unidos, mais provável é que os serviços locais de mídia social sejam integrados com outras funcionalidades em grande medida não relacionadas. Com isso eu me refiro não apenas a salas de chat ou mensagens instantâneas, mas também jogos e compras. Por exemplo, o serviço russo VK permite o compartilhamento de música, e o serviço chinês WeChat permite que os usuários paguem contas. Assim, muitos dos principais serviços de mídia social não americanos tentam funcionar mais como parte de uma plataforma online de "balcão único", o que poderia explicar sua resistência.

Outra característica dos serviços de mídia social é que quase todos são de propriedade de empresas privadas e lucrativas, de uma forma ou de outra. Ao contrário de algumas empresas de mídia tradicionais, como a British Broadcasting Corporation, nenhuma é diretamente pública. E ao contrário de alguns dos serviços mais queridos da internet, como a Wikipedia, nenhuma é de propriedade de organizações beneficentes ou sem fins lucrativos.

Por fim, por algum tempo no início da década de 2010, parecia que um novo site de mídia social era lançado por semana. Mas essa tendência desapareceu, e agora ficamos com não muito mais que os grandes monstros. Novos serviços como Ello, Peach e Sarahah apareceram, mas nenhum teve um impacto duradouro. Existe uma uniformidade considerável na mídia social de hoje.

COMO ESTUDAMOS A MÍDIA SOCIAL?

Como mencionado anteriormente, é importante esclarecer o que queremos dizer com mídia social. Mas o outro elemento deste livro também deve ser examinado. Quando falamos sobre *psicologia*, podemos nos referir aos atributos mentais de uma pessoa, sua inteligência, emoções, atitudes e comportamento. Por exemplo, se eu falar sobre a "psicologia dos alienígenas", você terá uma ideia aproximada do que estou dizendo, mesmo se eles não existirem.

Mas psicologia também pode significar o estudo científico dessas coisas. Psicologia é um corpo de trabalhos acadêmicos, com metodologias científicas e práticas clínicas, realizados por pessoas com diversos graus de especialização.

A distinção entre psicologia como um tópico e psicologia como uma ciência é importante ao discutirmos coisas complexas como a mídia social. Por exemplo, quando falo sobre a "psicologia da mídia social", estou me referindo a como nós experimentamos subjetivamente a mídia social ou estou falando sobre como essa experiência é estudada por métodos científicos? As respostas a essa última pergunta podem naturalmente nos esclarecer sobre a primeira, mas também podem estruturá-la e influenciá-la. Isso ocorre em grande medida por causa de dois fatores: reflexividade e observabilidade.

Ao contrário da química, por exemplo, os objetos da ciência psicológica podem reagir ao modo como são descritos. Um líquido não se importa se é registrado como 50 ml ou 60 ml, mas um candidato a um emprego vai se importar se conseguir uma pontuação de QI de 110 ou 125. Além disso, enquanto podemos derramar um líquido em um cilindro graduado, os tópicos da psicologia são muito mais difíceis de conter.

Consequentemente, é necessário um estudo cuidadoso, e devem ser usadas diversas metodologias para determinar a psicologia da mídia social. Os capítulos a seguir citam estudos que usam métodos padronizados ou tradicionais de pesquisa em ciência social e também métodos mais novos, mais tecnológicos e computacionais. Os primeiros incluem enquetes, experimentos e grupos de foco, enquanto os últimos envolvem aprendizado de máquina, análise de sentimentos e processamento de linguagem natural.

Existem vantagens e desvantagens nas duas metodologias. Enquetes, experimentos e grupos de foco requerem tempo e, geralmente, exigem que as pessoas participem ativamente do estudo. Eles também dependem de os participantes serem honestos a respeito de suas experiências – isso é conhecido como problema de dados autorrelatados. Em contraste, os novos métodos são mais rápidos, pois utilizam os dados de mídia social já existentes. Para fazer isso, eles se conectam com os serviços de mídia social usando o que é conhecido como interface de programação de aplicativo. Essas interfaces são construídas e controladas pelos proprietários do serviço de mídia social, mas permitem que os estudiosos incluam muito mais participantes do que se poderia imaginar usando os métodos tradicionais. Crucialmente, os métodos tradicionais de pesquisa em ciências sociais são suplementados com práticas éticas reconhecidas há muito tempo. Em contraste, nos estudos tecnológicos, as questões éticas ainda estão sob debate acalorado. Questões como consentimento esclarecido são especialmente desafiadoras, pois os usuários da mídia social raramente percebem quando estão participando de projetos de pesquisa.

Assim, controvérsias surgem frequentemente, o que também se refere a reflexividade e observabilidade. É compreensível que as pessoas sintam que um estudo de mídia social controverso as afete diretamente se forem usuárias regulares do serviço em questão. Além disso, pode ser difícil verificar esses achados controversos porque os dados mais valiosos são cuidadosamente controlados pelos próprios serviços de mídia social.

Como resultado, temos dificuldades quando tentamos encontrar fatos confiáveis sobre psicologia ou sobre mídia social. Embora possa parecer que existem muitas pesquisas publicadas sobre muitos aspectos psicológicos da mídia social, essa base de evidências é mais bem caracterizada como ampla, em vez de profunda. Em outras palavras, ainda não temos muitos achados que tenham sido repetidamente produzidos por diferentes equipes de cientistas usando dados abertos e métodos mistos em um período significativo. Tudo ainda é contestado aqui.

Por exemplo, existem centenas de estudos baseados em enquetes feitas por estudantes universitários norte-americanos sobre a psicologia do Facebook. Assim, embora possa parecer que estou me concentrando demais em um serviço específico de mídia social – e tentei não me concentrar –, isso simplesmente reflete a realidade da criação da literatura científica existente. Seria bom se tivéssemos mais pesquisa a respeito de outros serviços, mas não temos, então temos de extrapolar com o máximo de prudência possível.

18 A PSICOLOGIA DA MÍDIA SOCIAL

ESTE LIVRO

Nos capítulos seguintes, vamos examinar os aspectos psicológicos da mídia social segmentando suas características mais comuns. O Capítulo 2 examina a psicologia dos perfis – que eu gosto de chamar de "nosso cantinho particular da internet". Isso envolve discutir o modo como expressamos nossa identidade na mídia social e o quanto nos esforçamos para tentar parecer autênticos. O Capítulo 3 examina os contatos – ou seja, amigos, parentes e outras pessoas interessantes a cujas contas nos conectamos na mídia social. Mas o que ganhamos com isso? E como podemos saber se eles estão prestando atenção em nós? A seguir vem o Capítulo 4, "Atualizações" – ou os textos que escrevemos na mídia social para manter nossos contatos informados sobre o que estamos pensando em um momento específico. Sob essa luz, este capítulo se preocupa com o modo como equilibramos o imenso poder para publicidade que a mídia social nos dá com as consequências possíveis para nossa necessidade de privacidade. Depois disso, passamos ao Capítulo 5, "Mídia", em que falamos sobre a interação com fotos e vídeos, e como nos sentimos "presentes" online com eles. No Capítulo 6, "Mensagens", discutimos uma característica menos óbvia, mas mesmo assim essencial, dos serviços de mídia social – a capacidade de enviar mensagens particulares ou diretas entre os usuários. Como tal, este capítulo fala a respeito de como as mensagens escritas podem ter um efeito emocional muito diferente da comunicação frente a frente. Finalmente, o livro se conclui com o Capítulo 7, "Valores", com algumas reflexões amplas sobre a psicologia da mídia social. O último capítulo também pergunta o que significa para nós tratarmos a nós mesmos como uma mercadoria na mídia social. O que ganhamos por dar tanto de nossa psicologia aos algoritmos?

2

PERFIS

A página de perfil é provavelmente o recurso mais absorvente da mídia social e, certamente, é onde passamos a maior parte do tempo quando criamos uma conta. Escolher o nome de usuário correto, ajustar a seção "Sobre", escolher a foto de perfil – é importante construir a representação digital certa de sua personalidade, não é mesmo? Essa é a beleza da mídia social – ela permite que você crie seu próprio cantinho da internet, que você pode decorar da maneira que deseja que ele seja visto. Mas, embora nos expressar seja algo que todos gostamos de fazer, no sentido psicológico, esse é um processo complicado. Quando fala sobre si mesmo, você está sendo preciso? Está descrevendo a pessoa que realmente é ou a pessoa que gostaria de ser? E, na mídia social, é fácil criar representações falsas. Alguns podem até dizer que a grande vantagem da mídia social é que ela permite que você retrate uma versão melhor de si mesmo.

Assim, o ponto crucial deste capítulo é examinar como negociamos as possibilidades e as dificuldades que esses serviços apresentam quando tentamos expressar nossa identidade autenticamente em nosso perfil de mídia social.

ESTUDO DE CASO: "A GAY GIRL IN DAMASCUS"

Em 2011, enquanto a revolução da mídia social varria o mundo ocidental, a Primavera Árabe estava ardendo no norte da África e no Oriente Médio. Muitas páginas foram dedicadas à discussão sobre se a segunda foi causada pela primeira, mas esse debate está além do escopo deste livro. Em vez disso, vamos examinar um episódio triste e perturbador nesses eventos e o modo como ele esclarece nosso estudo da psicologia dos perfis. Neste caso, vamos falar sobre um blog, mas no que se refere a um caso específico que é igualmente revelador da mídia social.

Para os jornalistas, a beleza do conteúdo gerado pelo usuário é que, em vez de ter de viajar para lugares distantes para entrevistar as pessoas, eles podem encontrá-las na internet e fazer perguntas sem precisar sair do escritório. Então, quando um blog apareceu[1] durante a revolução síria, escrito em inglês correto e supostamente por uma jovem que morava lá, isso foi irresistível para muitas organizações da mídia. "A gay girl in Damascus" (Uma garota lésbica em Damasco) começou em fevereiro daquele ano, e sua autora dizia ser uma mulher síria-americana de 35 anos. O nome dela era Amina Arraf, e ela estava envolvida em protestos contra o regime enquanto o país aos poucos entrava em guerra civil.

Era uma história convincente, como Amina escreveu em um inglês americano muito bom, explicado pela sua criação nos Estados Unidos, a que ela se referia frequentemente em lembranças da infância. E a narrativa dela se tornou ainda mais dramática com seus relatos detalhados da vida na Síria durante a revolução. Em uma postagem memorável, "My father, the hero",[2] ("Meu pai, o herói"), ela contou que acordou no meio

---

1 O blog ainda está online em http://damascusgaygirl.blogspot.com/, embora a maioria dos posts tenha sido removida. Alguns, porém, foram preservados em diversos arquivos na internet.
2 Arraf, A. (26 abr. 2011). My father, the hero. *A Gay Girl in Damascus*.

da noite ouvindo as forças de segurança que iam buscá-la, e que o pai as convenceu eloquentemente a ceder. Esses relatos extraordinários fizeram com que ela fosse tema de artigos em veículos famosos na mídia impressa, como TIME,[3] The Guardian,[4] The Washington Post[5] e até mesmo do programa Newsnight[6] da BBC.

Porém, "A gay girl in Damascus" logo foi revelado[7] como um extraordinário hoax.[8] Talvez porque seu autor estivesse ficando cansado de manter a farsa, uma postagem apareceu no blog, supostamente escrita pelo primo de Amina, afirmando que ela tinha sido sequestrada pelos serviços de segurança. Nesse ponto, Amina já era uma pessoa famosa em alguns locais, mas essa postagem a enviou à estratosfera – talvez o oposto do que o autor pretendia. Jornalistas como Andy Carvin, da NPR, postaram tweets sobre isso[9] e ativistas de todo o mundo usaram a hashtag #FreeAmina. Isso levou a história dela a um público muito mais amplo

---

Disponível em: Library of Congress Web Archive (http://webarchive.loc.gov/all/20110428090825/http://damascusgaygirl.blogspot.com/2011/04/my-fatherhero.html).
3   Wilson, J. (10 maio 2011). A gay girl in Damascus: Lesbian blogger becomes Syrian hero. TIME. Disponível em: http://newsfeed.time.com/2011/05/10/a-gay-girl-in-damascus-lesbian-blogger-becomes-syrian-hero/.
4   Marsh, K. (6 maio 2011). A gay girl in Damascus becomes a heroine of the Syrian revolt. The Guardian. Disponível em: www.theguardian.com/world/2011/may/06/gay-girl-damascus-syria-blog.
5   Flock, E. (7 jun. 2011). 'Gay Girl in Damascus' Syrian blogger allegedly kidnapped. The Washington Post. Disponível em: www.washingtonpost.com/blogs/blogpost/post/gay-girl-in-damascus-syrian-blogger-allegedly-kidnapped/2011/06/07/AGIhp1KH_blog.html.
6   McDermott, S. (8 jun. 2011). From the web team – Newsnight. BBC News. Disponível em: www.bbc.co.uk/blogs/newsnight/fromthewebteam/2011/06/wednesday_8_june_2011.html.
7   Bell, M.; Flock, E. (12 jun. 2011). 'A Gay Girl in Damascus' comes clean. The Washington Post. Disponível em: www.washingtonpost.com/lifestyle/style/a-gay-girl-in-damascus-comes-clean/2011/06/12/AGKyH0RH_story.html.
8   Boato divulgado na internet, um tipo de fake news [N.T.].
9   Carvin, A. [@acarvin] (6 jun. 2011). Dear god – she's been kidnapped? RT @Malath-Aumran: Amina Abdallah: Please read the latest post on her blog http://j.mp/j5L2dZ #Syria. Disponível em: https://twitter.com/acarvin/status/77804332778659841.

e, depois de alguns dias, ficou claro que Amina não era uma blogueira ativista lésbica síria-americana. Pessoas de todo o mundo examinavam o perfil dela em busca de pistas de onde ela poderia estar, e alguns detalhes não se encaixavam. Você pode imaginar o tumulto quando alguém chamado Tom MacMaster, um estudante de pós-graduação norte-americano branco de 40 anos, postou no blog "A gay girl in Damascus" dizendo ser o autor de todas as postagens. Ele disse que se importava muito com os problemas do Oriente Médio, mas descobriu que, quando os discutia online sob sua própria identidade, era "desconsiderado".[10] Então, MacMaster criou o personagem de Amina, que se transformou, como ele disse, em "um *hoax* que saiu do controle".[11]

Assim, o que podemos aprender sobre a apresentação das pessoas nos perfis da mídia social? É muito fácil contar uma narrativa pessoal online convincente, mas falsa – por algum tempo. Mais cedo ou mais tarde, as maiores mentiras sobre quem somos são expostas. Por isso existe uma tensão psicológica constante nos perfis da mídia social: é fácil mentir, mas nós temermos ser descobertos. Existem alguns outros fatores envolvidos aqui também, como fixidez do perfil, autoexpressão e esforço.

APROXIMADAMENTE EU

Em um dos primeiros estudos sobre os sites de redes sociais, Alice Marwick[12] examinou como os usuários de Friendster, Myspace e Orkut se

---

10 Flock, E.; Bell, M. (13 jun. 2011). Tom MacMaster, the man behind 'A Gay Girl in Damascus:' 'I didn't expect the story to get so big'. *The Washington Post*. Disponível em: www.washingtonpost.com/blogs/blogpost/post/tom-macmaster-the-man-behind-a-gay-girl-in-damascus-i-didnt-expect-the-story-to-get-so-big/2011/06/13/AGhnHiSH_blog.html.
11 MacMaster, T. (13 jun. 2011). Apology to readers. *A Gay Girl in Damascus*. Disponível em: Internet Archive's Wayback Machine (https://web.archive.org/web/20110613222309/http://damascusgaygirl.blogspot.com/).
12 Marwick, A. (5-9 out. 2005). I'm more than just a Friendster profile: Identity, authenticity, and power in social networking services. *Association for Internet Researchers 6.0*.

apresentavam. Embora este artigo de 2005 seja comparativamente antigo em termos de mídia social – desses serviços, só o Myspace ainda está funcionando –, os pontos levantados nele continuam a ser importantes hoje. A primeira questão que Marwick notou é que os sites de redes sociais têm estruturas fixas de perfil. Existe uma seção para o seu nome, uma caixa "Sobre" na qual a pessoa pode se descrever e um lugar para colocar uma foto de perfil, e assim por diante. Mas essas estruturas, em grande medida, não podem ser negociadas e assim, por exemplo, alguns sites não permitem que você continue até que faça o upload de uma foto de perfil. No mínimo, você será continuamente lembrado de que ainda não fez isso. Do mesmo modo, a caixa de texto "Sobre" tem um limite de caracteres: você não pode ficar escrevendo sem parar ao se descrever em seu perfil de mídia social.

Crucialmente, Marwick indica que os sites de redes sociais exigem que os usuários tenham uma única identidade. Embora isso varie de um serviço para o outro, a exigência de que os usuários sejam realmente quem são, em geral com os nomes verdadeiros, foi uma mudança em relação às formas anteriores de comunicação mediada por computador, em que os pseudônimos e a anonimidade eram mais comuns. Na mídia social, cada usuário precisa ter uma única conta, que deve refletir com exatidão quem ele é, permitindo-se apenas um pequeno desvio. Esta "fixidez" dos perfis de mídia social apresenta dificuldades psicológicas. E se eu não tiver certeza de quem eu sou? E se for perigoso para mim dizer exatamente quem eu sou na internet?

Como Marwick mostra, embora os sites de redes sociais possam insistir nessa "fixidez" da identidade, os usuários pensam diferente. As pessoas nem sempre querem ser elas mesmas! O interessante é que ela também notou uma diferença entre Friendster, Myspace e Orkut em relação a isso. Parece que a proporção de "perfis falsos" em um site depende muito de sua personalização ou dos recursos de sua comunidade. Em termos de personalização, isso significaria maior capacidade de editar sua experiência de mídia social segundo seu próprio gosto, e em termos de recursos de comunidade, isso significaria coisas como grupos de interesses e recursos de discussão. O Myspace, por exemplo, permitia que os usuários personalizassem os perfis com código HTML e, como resultado, tinha poucos perfis falsos. E, embora o Orkut tivesse uma estrutura rígida de perfis, ele também tinha poucos perfis obviamente falsos porque, como afirma Marwick, tinha muitos recursos de comunidade disponíveis.

É interessante considerar MacMaster aqui. Talvez se tivesse sido capaz de encontrar a comunidade certa do Orkut para discutir a política do Oriente Médio, ele não tivesse sentido a necessidade de criar o perfil de Amina Arraf.

Em contraste, o Friendster permitia pouca personalização de seus perfis e tinha poucos recursos de comunidade. Segundo Marwick, isso explica por que havia tantos "fakes", que não eram apenas paródias sarcásticas, mas perfis de coisas como locais, personagens de ficção e celebridades. As pessoas gostam de poder ser alguém – ou algo – diferente na mídia social.

Nos anos que se seguiram, os proprietários do Friendster, profundamente preocupados com os "fakes" – que eles acreditavam reduzir o valor inerente do site –, continuaram a realizar exclusões em massa dessas contas. Esses expurgos foram pelo menos parte do motivo de o Friendster sofrer um declínio considerável em popularidade em meados dos anos 2000 e, subsequentemente, ser superado pelo Facebook. Ironicamente, uma tentativa de reverter esse declínio, em 2004, envolveu o uso de perfis intrinsicamente falsos – personagens como Ron Burgundy e Veronica Corningstone, criados para promover o filme *O âncora*,[13] lançado em 2004.

Com o declínio do Friendster, a popularidade do Facebook aumentou rapidamente. Parece, porém, que, apesar de o Facebook ter estruturas de perfil fixas, suas origens como uma comunidade fechada centrada em universidades significaram que o site não teve dificuldade para aplicar políticas de identidade real. Isso não significa, no entanto, que seus usuários tenham achado fácil se expressar.

Em um artigo de 2008 sobre o Facebook, Zhao, Grasmuck e Martin[14] fizeram uma análise de conteúdo dos perfis dos usuários. Zhao e seus

---

13 Oser, K. (21 jun. 2004). Friendster Courts Hollywood. *Ad Age*. New York. Disponível em: http://adage.com/article/madisonvine-case-study/friendster-courts-hollywood/40663/.
14 Zhao, S.; Grasmuck, S.; Martin, J. (2008). Identity construction on Facebook:

colegas gravaram detalhes de uma seleção aleatória de perfis do Facebook para entender como os usuários de mídia social construíam suas identidades ali. A hipótese deles era que, ao contrário dos antigos serviços com pseudônimos similares a quadros de avisos, em que os usuários passavam muito tempo descrevendo a si mesmos, nesses serviços com nomes reais os usuários se expressariam de um modo diferente.

No Facebook, os usuários são livres para se expressar com algum detalhe na seção "Sobre" de seus perfis. Surpreendentemente, dos perfis que Zhao et al. analisaram, menos de 8% preencheram essa seção, e a maioria escrevia apenas uma ou duas frases. Parecia que as pessoas não gostavam de falar explicitamente sobre si mesmas na mídia social. Será que os usuários do Facebook temem que, quanto mais escreverem sobre si mesmos, mais provável será que acabem em um território fictício como o de Amina Arraf, e sua fraude seja descoberta?

Se este é o caso, então como os usuários de mídia social articulam quem são? A conclusão de Zhao e seus colegas foi que os usuários do Facebook "mais mostram do que dizem" para construir suas identidades no Facebook. Isso significa que eles implicitamente constroem suas identidades por meio de suas fotos de perfil, de links postados nos murais, grupos para *hobbies* e interesses e outras maneiras indiretas.

Algo interessante é que esse estudo foi realizado antes que o famoso botão "Curtir" do Facebook fosse inventado, mas dá para ver por que ele funcionou. "Curtir" permite que os usuários do Facebook expressem uma opinião sem ter de digitá-la literalmente.

Além disso, observe como isso corresponde ao que Marwick argumentou anteriormente sobre a "fixidez" das redes sociais. Os perfis do Facebook são rígidos e, como resultado, os usuários escapam deles para expressar sua identidade.

Por fim, Zhao e seus colegas concluíram que esse estudo mostra que a identidade de uma pessoa não é necessariamente algo inteiramente dela. Ao contrário, ela varia de um contexto social para outro e, assim, será expressa de modo diferente online e offline e entre os serviços de mídia

---

Digital empowerment in anchored relationships. *Computers in Human Behavior*, 24(5), 1816-1836. https://doi.org/10.1016/j.chb.2008.02.012.

social. Então, ser autêntico em nosso perfil de mídia social exige algum esforço cuidadoso.

Esse é um ponto a considerar quando examinamos outros serviços. Em um estudo de 2016 com usuários do Last.FM e do Facebook, Uski e Lampinen[15] examinaram o problema da autenticidade – o que eles chamaram de "trabalho de perfil". Nesse estudo qualitativo, os pesquisadores perguntaram a usuários dos dois sites como eles se apresentavam em seus perfis. Embora o Last.FM seja basicamente um site de música, ele também tem alguns recursos de mídia social. Em particular, seu recurso de postagem no perfil é incomumente interessante. Isto é, no Facebook, como na maioria dos serviços de mídia social, os usuários precisam compartilhar ativamente o conteúdo em seus perfis. Mas o Last.FM tem um recurso de compartilhamento automático, de modo que qualquer música que você esteja ouvindo seja instantaneamente postada em seu perfil. Quanto a faixa toca, todos os seus contatos podem ver o que você está ouvindo. Naturalmente, como Uski e Lampinen descobriram em seus grupos de foco, isso cria todo um novo conjunto de problemas para aqueles que levam a música a sério. E se você for hipster, mas ocasionalmente gostar de ouvir um pouco de ABBA?

Um participante foi particularmente revelador no que se referia à quantidade de "trabalho de perfil" que tinha feito. Algumas vezes, ele preferia ouvir música em discos de vinil, mas essa experiência obviamente não seria ligada à sua conta do Last.FM. Para superar isso, ao tocar gravações em vinil, ele sempre tocava a mesma música no computador (com o volume no zero) e, assim, seu perfil do Last.FM seria atualizado, e seus amigos poderiam ver o que ele estava ouvindo *em todos os momentos*.

Assim, os autores desse estudo perceberam um estranho enigma de estar na mídia social. Retratar uma conta "real" de si mesmo em seu perfil muitas vezes requer tanto trabalho extra que parece falso. Foi isso que desfez "A gay girl in Damascus" – era trabalho demais para manter

---

15 Uski, S.; Lampinen, A. (2016). Social norms and self-presentation on social network sites: Profile work in action. *New Media & Society, 18*(3), 447-464. https://doi.org/10.1177/1461444814543164.

a ilusão? Mas será que isso também se aplica ao resto de nós? Será que temos de "nos falsificar para sermos reais" na mídia social?

Isso nos leva a um dos fenômenos mais intrigantes na psicologia da mídia social: o "paradoxo da privacidade".[16] Em um artigo analítico, escrito quando a revolução da mídia social estava apenas começando, Barnes observou como uma nova norma social tinha se desenvolvido. Ao mesmo tempo que a maioria das pessoas afirmava entender as questões de privacidade, muitas informações pessoais estavam sendo postadas nos perfis de mídia social. Barnes discutiu esse paradoxo no contexto dos adolescentes que se surpreendiam quando os pais descobriam o que eles estavam fazendo online, mas isso claramente tem uma aplicabilidade muito mais ampla. Ao tentar manter um perfil autêntico e descolado no Last.FM, será que os usuários esqueceram quanta informação pessoal eles estão compartilhando online? E isso se aplica também aos usuários do Facebook que inserem muitas informações pessoais para *mostrar* em vez de *falar* sobre sua identidade.

Essa peculiaridade da psicologia da mídia social é algo a que voltaremos nos capítulos a seguir. O paradoxo da privacidade é essencialmente uma das principais fontes de tensão entre nossa psicologia pessoal e individual e o modo como ela interage com o fenômeno muito mais social e público que é a mídia social.

ALÉM DOS PERFIS

Quando consideramos as questões de fixidez do perfil, autoexpressão e esforço, fica fácil entender por que os usuários de mídia social querem desviar completamente delas. É aqui que entram os perfis temporários ou descartáveis e também os serviços anônimos, sem perfis.

Vamos primeiro examinar o artigo de 2015[17] de Alex Leavitt sobre "contas descartáveis". Essa pesquisa examinou o Reddit, um agregador

---

16 Barnes, S. B. (2006). A privacy paradox: Social networking in the United States. *First Monday*, *11*(9), 5. https://doi.org/10.5210/fm.v11i9.1394.
17 Leavitt, A. (2015). 'This is a Throwaway Account': Temporary technical identities

de notícias com base nos Estados Unidos e que tem muitos recursos de mídia social. O estudo de Leavitt incluiu um rastreador web que pesquisava e coletava menções à palavra "descartável" no Reddit, a fim de descrever o fenômeno. Leavitt descobriu que as pessoas que postavam em contas "descartáveis" tendiam a enfatizar o motivo de não postarem em sua conta Reddit usual. Na maioria dos casos, isso acontecia porque elas estavam preocupadas que as consequências do que estavam por dizer pudessem ser rastreadas até sua identidade "real". Por exemplo, as pessoas muitas vezes pedem conselhos sobre relacionamentos usando contas descartáveis, incluindo detalhes embaraçosos. Ou então, algumas contas descartáveis revelam atividades empresariais ilegais ou pouco éticas do empregador da pessoa que fez a postagem. De modo impressionante, apenas um resultado foi estatisticamente significativo: as mulheres tinham 154% mais probabilidade de usar uma conta descartável que os homens – e isso diz algo assustador sobre a política de gênero do Reddit.

Assim, a conta descartável parece ter uma função catártica para os usuários do Reddit, permitindo que eles se expressem sem repercussão. Isso nos lembra de MacMaster postando como Amina – ele não sentia que podia expressar suas opiniões sobre a política do Oriente Médio como si mesmo, então criou uma nova identidade de perfil. Seria preferível que ele tivesse "descartado" aquela conta depois de um uso único, mas estou me desviando do assunto.

O interessante é que Leavitt observa que criar essas contas descartáveis é explicitamente permitido pelo próprio Reddit.[18] Ele argumenta de modo convincente que essa é uma política nobre e que os outros serviços de mídia social fariam bem em considerar também essa possibilidade, em virtude de seus benefícios psicológicos aparentes.

---

and perceptions of anonymity in a massive online community. In: *Proceedings of the 18th ACM conference on computer supported cooperative work & social computing* (pp. 317-327). Nova York: ACM Press. https://doi.org/10.1145/2675133.2675175.
18 Reddit. (2018). *Frequently asked questions*. Disponível em: www.reddit.com/r/%20reddit.com/wiki/faq.

Isso também mostra como é importante sermos capazes de moldar nossa própria psicologia na mídia social. Mas se só temos a permissão de criar perfis com nome real e identidade única, então devemos nos sentir muito violados quando eles são invadidos por outra pessoa.

Vamos explorar um estudo qualitativo[19] sobre a psicologia do *fraping*. Foram realizadas entrevistas semiestruturadas com 46 adultos escoceses com idade entre 18 e 70 anos, subdivididos em jovens adultos, novos pais e aposentados. Moncur e seus colegas estavam interessados em "alterações não autorizadas das informações na página de perfil de uma vítima". Esse fenômeno, cujo nome é uma união de "Facebook" e *"raping"* (estupro, em inglês), ocorre quando uma pessoa deixa seu computador ou smartphone logado ou desbloqueado com sua conta de mídia social acessível. Então, fingindo ser a vítima, o "frapista" posta algo engraçado no perfil de mídia social da vítima ou altera o perfil de um modo divertido. Apesar da origem do nome, é essa característica essencialmente jocosa que distingue o *fraping* de comportamentos mais sinistros como *cyberbullying*[20] ou de intrusões técnicas como invasões por *hackers*.

Moncur et al. estavam interessados nas normas sociais ao redor deste fenômeno: como os usuários de mídia social o definiam, quem se envolvia nele e que punição eles achavam que merecia. Eles descobriram que os diferentes grupos viam o *fraping* de modos diferentes. De modo geral, ele só era realizado e visto positivamente como divertido pelos jovens; nem os novos pais nem os aposentados tinham muito tempo para isso.

Embora muitas vezes se suponha que a mídia social é "uma coisa de jovem", não foi isso que esse estudo revelou. Pelo contrário, considerando que todos os aposentados nesse estudo eram ativos na mídia social, e ainda mais que alguns deles relatavam também operar contas falsas, não é uma questão de compreensão errada do meio, nem de não ter senso de humor. Em vez disso, é uma questão de experimentação com a identidade, de experimentação com personalidades novas. É claro que isso é mais

---

19 Moncur, W.; Orzech, K. M.; Neville, F. G. (2016). Fraping, social norms and online representations of self. *Computers in Human Behavior*, 63, 125-131. https://doi.org/10.1016/j.chb.2016.05.042.
20 Assédio virtual organizado cometido contra um perfil na internet [N.T.].

aceitável quando a pessoa é mais nova – espera-se que ela já saiba quem é quando começa a ter filhos.

Notavelmente, Moncur e colegas relatam que os jovens adultos consideram um *frape* bom ou divertido aquele que não é imediatamente aparente e que faz uma declaração sutil sobre a personalidade da vítima. Em outras palavras, um *frape* inteligente é aquele que experimenta de modo convincente com a identidade da vítima. Talvez seja isso que muitos de nós desejamos secretamente: que alguém assuma nossas contas de mídia social e nos retrate de um modo mais divertido do que nós conseguimos. Mais uma vez, como Zhao et al. relataram anteriormente, os usuários de mídia social não gostam de se descrever explicitamente. Será que é mais fácil conseguir que alguém faça isso por você?

Outra possibilidade é que, às vezes, nós podemos querer nos afastar totalmente de nossos perfis de mídia social. Mas podemos ser nós mesmos quando não existe estrutura, nenhum "Sobre" para escrever, nenhuma conta para ser descartada ou colocada em risco? Qual é a psicologia dos serviços anônimos?

Surpreendentemente, quando os pesquisadores examinaram sites como o infame site de compartilhamento de imagens 4chan, que não têm nenhuma página de perfil, eles na verdade encontraram processos complexos de identidade atuando.[21] Considerando que a maioria dos outros sites de mídia social passou a remover as postagens anônimas, poderíamos supor que isso foi feito porque não funcionavam. No entanto, parece funcionar no 4chan. Mas como?

Ao analisar quase 6 milhões de postagens coletadas no 4chan em mais de 2 semanas em 2010, Bernstein e colegas descobriram alguns padrões interessantes em todo esse comportamento anônimo. Embora os usuários do 4chan possam provar que são os autores de mais de uma postagem ao fornecer o que é conhecido como o "tripcode" das postagens, Bernstein et al. descobriram que esse comportamento não era popular

---

21 Bernstein, M. S.; Monroy-Hernandez, A.; Harry, D.; Andre, P.; Panovich, K.; Vargas, G. (2011). 4chan and/b: An analysis of anonymity and ephemerality in a large online community. In *International AAAI Conference on Web and Social Media* (pp. 50-57). Menlo Park, CA: AAAI Press.

no site e, na verdade, apenas 5% de todas as postagens continham esse detalhe. Em vez disso, os usuários do 4chan desenvolveram uma cultura complexa de demonstrar suas identidades.

Por exemplo, uma maneira de um usuário anônimo provar sua identidade é fazendo upload de uma foto sua com um pedaço de papel com a hora e a data – uma prática conhecida como carimbo de data/hora. Além disso, os usuários veteranos do 4chan se distinguem dos novatos por meio de diversas técnicas. Isso inclui não só ser fluente no jargão único do site, mas também ser capaz de reproduzir símbolos complicados que são exibidos incorretamente se forem simplesmente copiados e colados. Isso comprova de alguma maneira os achados anteriores de Zhao e colegas: como os usuários do 4chan não usam nomes nem páginas de perfil, eles têm de encontrar algumas outras maneiras de demonstrar sua identidade.

Assim, como Bernstein et al. argumentam, apesar de não haver nenhuma página de perfil, o 4chan consegue sustentar uma comunidade incrivelmente vibrante. Esse fato da comunidade online indica o assunto do próximo capítulo: a psicologia de se conectar com outras pessoas na mídia social.

RESUMO

Os perfis de mídia social revelam uma psicologia muito rica e complexa. Mas expressar nossa identidade neles não é de modo algum um processo simples.

Enquanto o *hoax* "A gay girl in Damascus" mostrou que era trabalhoso sustentar uma narrativa inteiramente fictícia por muito tempo, também vimos como é difícil ser autêntico. A estrutura dos perfis de mídia social afeta o modo como nos expressamos: quando há menos personalização disponível, aparecem mais perfis falsos. Ainda assim, preferimos "mostrar em vez de contar" quem somos no Facebook e não gostamos de expressar explicitamente nossa identidade. O trabalho de perfil pode ser exaustivo, levando-nos a imaginar onde fica o limite entre tentar demais e realmente ser autêntico.

Como consequência, algumas vezes tentamos evitar o uso de perfis em serviços de mídia social – as "contas descartáveis" são úteis quando precisamos falar sobre alguma coisa online, mas não queremos que isso seja ligado a nós. Do mesmo modo, parece que usamos nossos perfis de mídia social para experimentar com nossa identidade, mas que isso só é socialmente aceitável em grupos etários mais jovens. E, no entanto, quando operamos anonimamente, ainda podemos encontrar maneiras de mostrar que somos membros de nossas comunidades online e que somos quem dizemos ser.

3

CONTATOS

Após criar seu perfil, a segunda tarefa depois de criar uma conta de mídia social provavelmente é se conectar com outros usuários. De amigos a seguidores, a mídia social tem a ver, para muitas pessoas, com se conectar publicamente uns com os outros.

Ela dá às pessoas comuns acesso a públicos enormes – de graça e com apenas alguns cliques. Mas tudo isso é realmente tão fácil? E o quanto nossos públicos são reais? Quanto trabalho temos de fazer para construir nossos contatos – e qual o preço que pagamos para acessá-los? O ponto crucial é pesar os benefícios e as desvantagens da capacidade de nos conectar com tantas pessoas diferentes em um lugar específico.

ESTUDO DE CASO: O DESAFIO DO BALDE DE GELO

O "desafio do balde de gelo" (*ice bucket challenge*) muitas vezes é descrito como um dos maiores sucessos da mídia social. Tudo começou como uma brincadeira boba, mas levantou muito dinheiro para uma boa causa. Embora seja genuinamente difícil realizar uma pesquisa histórica precisa nos serviços de mídia social,[1] parece que um desafio de balde de gelo existiu no Facebook por algum tempo antes de se tornar tão popular.[2] O formato estava lá desde o início – um vídeo postado no Facebook em que alguém dizia que havia aceitado o desafio e, depois, pegava um balde de gelo e o derramava sobre a cabeça. Depois de alguns gritos, a vítima desafia alguns de seus contatos da mídia social a fazer o mesmo em 24 horas ou a doar para uma entidade beneficente como uma penalidade.

O desafio só se tornou associado com a doença conhecida como Esclerose Lateral Amiotrófica (ELA), também chamada de Doença de Lou Gehrig, quando Chris Kennedy, de Sarasota, Flórida, recebeu o desafio de um amigo.[3] Ele escolheu a Amyotrophic Lateral Sclerosis Association (Associação da Esclerose Lateral Amiotrófica) como sua organização beneficente e nomeou um parente dele, cuja parceira sofria com a doença, para realizar o desafio. Dali, o desafio se espalhou por sua família extensa e seus amigos, mas também por apoiadores da Associação da ELA, muitos dos quais fizeram muito esforço para espalhar o desafio em suas redes pessoais. A própria Associação começou a ver um aumento incomum de doações no final de julho e não demorou muito para que o desafio fosse estendido a várias celebridades, inclusive Mark Zuckerberg.

Embora alguns analistas tenham argumentado que nem todos que fizeram um vídeo doaram, eu acho que isso não tem importância. A lógica dos desafios é que as pessoas "convocadas" no vídeo têm de gravar um vídeo igual em 24 horas ou fazer uma doação como penalidade. Se você está ocupado demais para fazer um vídeo ou se tem medo da água gelada,

---

1 Levin, J. (22 ago. 2014). Who invented the ice bucket challenge? *Slate*. Disponível em: www.slate.com/articles/technology/technology/2014/08/who_invented_the_ice_bucket_challenge_a_slate_investigation.single.html.
2 Sifferlin, A. (18 ago. 2014). Here's how the ALS ice bucket challenge actually started. *TIME*. Disponível em: http://time.com/3136507/als-ice-bucket-challenge-started/.
3 van Ogtrop, K. (s.d.). Ever wonder how the whole "Ice Bucket Challenge" started? *Real Simple*. Disponível em: www.realsimple.com/magazine-more/jeanette-senerchia-ice-bucket.

pode simplesmente abrir a carteira. Essa é a premissa do desafio. Então, na verdade, se você derramou um balde de gelo em cima da cabeça, nem precisa doar. Mas é claro que não foi isso que aconteceu.

Parece que a característica de "se sentir bem" dos vídeos que se espalharam pelos contatos da mídia social significou que a lógica da penalidade foi esquecida conforme o fenômeno decolou. Pessoas que gravaram o vídeo também fizeram doações, e é mais que provável que muitas pessoas que nem foram desafiadas tenham doado também.

No início de setembro de 2014, mais de 17 milhões de vídeos relacionados com o desafio do balde de gelo tinham sido postados no Facebook e, aparentemente, tinham sido assistidos por mais de 440 milhões de pessoas.[4] É claro que, com o fim do verão, a ideia de se ensopar com água gelada ficou cada vez menos atrativa e isso diminuiu drasticamente. Porém, o fenômeno fez com que a Amyotrophic Lateral Sclerosis Association recebesse mais de 100 milhões de dólares em doações adicionais, que foram aplicadas em pesquisas que acabaram resultando em um grande avanço[5] no estudo da doença. Isso não inclui muitas outras instituições beneficentes que também receberam quantias significativas. Como resultado, o desafio do balde de gelo tornou-se o modelo para incontáveis outros "desafios" em que muitas outras instituições beneficentes e causas também tentaram controlar o poder dos contatos de mídia social.

LIGAÇÃO E PONTE

Mas além desse fenômeno cultural, o que ganhamos ao adicionar pessoas na mídia social, algumas das quais nós provavelmente nem conhecemos muito bem? A resposta a essa pergunta envolve falar sobre os recursos e o suporte.

---

4 Facebook. (18 ago. 2014). The ice bucket challenge on Facebook. *Facebook Newsroom*. Disponível em: https://newsroom.fb.com/news/2014/08/the-ice-bucket-challenge-on-facebook/.

5 Woolf, N. (27 jul. 2016). Remember the ice bucket challenge? It just funded an ALS breakthrough. *The Guardian*. Disponível em: www.theguardian.com/society/2016/jul/26/ice-bucket-challenge-als-charity-gene-discovery.

Um dos artigos de pesquisa sobre mídia social mais citados foi publicado na Universidade Estadual de Michigan em 2007. Nesse estudo,[6] Ellison, Steinfield e Lampe estavam interessados em como o uso do Facebook podia interagir com o bem-estar psicológico dos usuários, especialmente em um conceito chamado "capital social". Isso se refere à observação de que, conforme conhecemos mais ou menos pessoas, ganhamos ou perdemos informações e oportunidades valiosas. Os cientistas sociais geralmente consideram a existência de dois tipos de capital social: ligação e ponte. O primeiro se refere ao tipo de recursos que a pessoa obtém com relacionamentos próximos, como parentes e amigos íntimos: pessoas que literalmente fariam qualquer coisa por você. E o último se refere ao tipo de coisas obtidas de conhecidos casuais: pessoas que lhe dariam informações, mas provavelmente não dariam apoio emocional. Desse modo, embora o capital social de ligação seja muito mais valioso que o de ponte, de modo geral, temos menos contatos que produzem o primeiro que o segundo.

Os pesquisadores fizeram várias perguntas aos participantes em relação aos comportamentos que tinham no Facebook, por exemplo, quantos amigos tinham no Facebook e quantos minutos achavam que tinham passado no Facebook no mês anterior. Mas eles também perguntaram se os participantes concordavam ou não com afirmações de atitudes como "Tenho orgulho de dizer às pessoas que estou no Facebook", "Eu me sinto por fora quando passo um tempo sem entrar no Facebook" e "Eu ficaria triste se o Facebook fosse fechado". As respostas dos participantes a todos esses itens foram reunidas e usadas como uma medida da "intensidade" de seu uso do Facebook.

O que Ellison e seus colegas descobriram foi que essa "intensidade de uso do Facebook" estava fortemente associada com a criação e a manutenção de capital social de ponte. Porém, ela estava apenas fracamente associada ao capital social de ligação. Assim, por exemplo, você poderia

---

6 Ellison, N. B.; Steinfield, C.; Lampe, C. (2007). The benefits of Facebook "Friends": Social capital and college students' use of online social network sites. *Journal of Computer-Mediated Communication, 12*(4), 1143-1168. https://doi.org/10.1111/j.1083-6101.2007.00367.x.

ter encontrado alguém uma vez há alguns anos e adicionado essa pessoa no Facebook, mas não ter desejo real de reencontrá-la. Então, certo dia, ela posta uma atualização de mídia social com um anúncio de emprego que interessa a você. Esse é o tipo de recurso que você não teria se não tivesse esse contato no Facebook. Mas, por outro lado, com relação a criar relacionamentos mais profundos e significativos, esse estudo não mostra que estar conectado no Facebook seja muito útil.

Então, voltando ao desafio do balde de gelo – você provavelmente não convocaria alguém com quem só tem um relacionamento do tipo de capital social de ponte. Você poderia curtir o vídeo dele, e ele poderia curtir o seu, mas você provavelmente reservaria suas convocações para as pessoas com quem tem um relacionamento do tipo de capital social de ligação.

O interessante é que essas associações foram encontradas apenas no que se refere à intensidade do uso do Facebook; elas não foram encontradas em relação ao uso da internet. Você tem de interagir com pessoas online – por exemplo, em mídias sociais como o Facebook – para acumular capital social. Desse modo, é bem fácil ver como o Facebook é bem útil para o tipo de pessoa que Ellison e sua equipe estavam estudando. Ele permite que estudantes universitários mantenham amizades com seus amigos do Ensino Médio e também permite que eles se conectem com novos colegas – resumindo, uma boa ferramenta psicológica.

Mas será que é sempre tão simples? E será que as coisas mudaram desde 2007? Um artigo mais recente[7] de pesquisadores da Universidade de West of England é revelador nesse aspecto. Esses pesquisadores também estavam interessados no capital social, mas em relação ao serviço mais recente de mídia social, o Snapchat. Como Ellison e sua equipe em 2007, em 2016 Piwek e Joinson realizaram uma pesquisa com usuários. No entanto, eles notaram que a "natureza temporária" do Snapchat apresentava algumas dificuldades metodológicas. Tenha em mente que o

---

7 Piwek, L.; Joinson, A. (2016). "What do they snapchat about?" Patterns of use in time-limited instant messaging service. *Computers in Human Behavior*, 54, 358-367. https://doi.org/10.1016/j.chb.2015.08.026.

fundamento do Snapchat é que as imagens devem desaparecer depois de vistas pelo destinatário pretendido. Então, como se estuda isso?

Consequentemente, ao contrário do estudo mencionado antes, em que foi perguntado aos participantes a respeito do uso do Facebook, neste estudo pediu-se aos participantes que se concentrassem no snap mais recente que tinham recebido. Nos outros aspectos, Piwek e Joinson fizeram um estudo similar ao de Ellison e seus colegas. Eles também usaram uma população de estudantes universitários e adaptaram a "escala de intensidade do Facebook" para medir a intensidade do uso do Snapchat, com perguntas praticamente idênticas. Essa adaptação de medidas em estudos diferentes é útil, pois nos permite comparar validamente os resultados.

Surpreendentemente, em contraste direto com o estudo de Ellison sobre o Facebook, Piwek e Johnson descobriram que o uso do Snapchat estava associado com o capital social de ligação, mas menos com o capital social de ponte. Em outras palavras, o Snapchat parece ser mais útil no contexto de relacionamentos profundos e significativos em vez de conhecidos casuais. Os autores sugerem que isso se deve a diversos fatores. Por um lado, eles observam que os participantes relataram usar o Snapchat para se comunicar com um pequeno número de amigos – certamente um número muito menor do que se esperaria no Facebook. Por outro, Piwek e Joinson também sugerem que o Snapchat oferece um ambiente mais íntimo e particular de conversa que o Facebook. Assim, mais uma vez, podemos ver que serviços diferentes de mídia social podem oferecer experiências psicológicas diferentes a seus usuários no modo como se conectam uns com os outros.

Cabe mencionar que esse estudo foi realizado antes que o recurso "Snapstreak" do Snapchat se tornasse popular. Na nova versão do Snapchat lançada em março de 2016,[8] se os usuários enviarem snaps um ao outro todos os dias, eles são recompensados com um símbolo de fogo ao lado do nome do amigo e um número representando o número de dias

---

[8] Foley, M. (24 maio 2016). What is a Snapchat streak? Here's everything you need to know about Snapstreaks. *Bustle*. Disponível em: www.bustle.com/articles/162803-what-is-a-snapchat-streak-heres-everything-you-need-to-know-about-snapstreaks.

pelos quais mantiveram essa interação. Consequentemente, com esse tipo de "gamificação" de seu serviço de mídia social, o Snapchat incentivou o desenvolvimento de amizades próximas que criariam esse tipo de capital social de ligação. Mas com quantas pessoas você consegue realmente manter esse nível de interação? Vou contar algo curioso sobre grupos de gorilas e o tamanho do crânio deles.

GRUPOS DE APOIO E CONTEXTOS

A quantidade de pessoas com que nos conectamos na mídia social nos leva a um dos mais famosos conceitos na psicologia evolucionária. Em 1992, o antropólogo Robin Dunbar escreveu um artigo influente[9] sobre o tamanho cerebral nos parentes mais próximos da humanidade. O propósito desse estudo era examinar a possibilidade de uma correlação entre o tamanho do neocórtex dos primatas e o tamanho de seus grupos sociais. Admiravelmente, Dunbar demonstrou que, de fato, primatas como os lêmures, que têm cérebros menores, têm também grupos sociais menores, e que os gorilas, que têm cérebros maiores, têm também grupos sociais maiores. Isso é conhecido como a "hipótese do cérebro social" e, embora não seja uma lei absoluta – não se aplica aos orangotangos, por exemplo, que parecem viver em grupos menores do que seu tamanho cerebral sugeriria –, parece razoável dizer que se poderia extrapolar essa tendência aos seres humanos. De que tamanho os grupos sociais humanos deveriam ser, considerando o tamanho de nosso cérebro? Segundo Dunbar, a resposta parece ser ao redor de 150. Obviamente, isso é uma média para o que ele chamou de nossa "rede social egocêntrica", mas tornou-se daí por diante conhecido como "o número de Dunbar".

A ideia de tamanhos naturais de grupos sociais humanos é um achado interessante para a psicologia em geral, mas ainda mais para a pesquisa da mídia social, que ficou muito interessada no número 150. Porém,

---

9 Dunbar, R. I. M. (1992). Neocortex size as a constraint on group size in primates. *Journal of Human Evolution*, 22(6), 469-493. https://doi.org/10.1016/0047-2484(92)90081-J.

em um trabalho posterior, Dunbar demonstrou como as redes humanas também incluem um "grupo de simpatia" de cerca de quinze indivíduos, além de um "grupo de apoio" de cinco indivíduos. O grupo mais amplo é definido como o tipo de pessoas que você descreveria como amigos próximos, que você contataria pelo menos uma vez por mês, enquanto o grupo menor é formado por aqueles em quem você encontraria apoio emocional. Assim, é uma simplificação falar sobre o "número de Dunbar" nos contatos de mídia social, como se fosse um só; existem outros dois que também deveríamos examinar.

A questão central aqui é como nossos aparentes limites neurológicos são ampliados pelos poderes da mídia social. A mídia social nos permite ser mais eficientes em relação ao tempo com nossos contatos?

Recentemente, Dunbar examinou essa questão diretamente em um artigo de 2016 com duas pesquisas de vários milhares de adultos no Reino Unido.[10]

Dunbar de fato descobriu que a maioria das redes sociais pessoais de seus participantes continha cerca de 150 pessoas e, dentro disso, muitos tinham um grupo de simpatia de cerca de quinze pessoas, além de um grupo de apoio de cerca de cinco. Mas o que foi muito surpreendente é que esses números basicamente não eram afetados por quantos contatos de mídia social os participantes tinham. Em outras palavras, conectar-se com muitas pessoas não ajudou os usuários de mídia social a conseguir mais amizades próximas – os grupos de simpatia e os grupos de apoio continuaram praticamente do mesmo tamanho.

Desse modo, Dunbar mostra que, apesar de a mídia social tornar mais fácil se conectar com muitas pessoas, isso não significa que podemos assim ter mais apoio emocional. Conectar-se de modo significativo com as pessoas ainda leva tempo.

Notavelmente, embora não pareça haver muitas pesquisas combinando o conceito de "capital social" mencionado anteriormente e os números de Dunbar, esses achados parecem fazer sentido juntos: a mídia

---

10 Dunbar, R. I. M. (2016). Do online social media cut through the constraints that limit the size of offline social networks? *Royal Society Open Science*, 3(1), 1-9. https://doi.org/10.1098/rsos.150292.

social pode ajudar você a aumentar a quantidade de seus contatos, mas não necessariamente a qualidade. Vale a pena mencionar aqui mais uma coisa que foi apontada por Dunbar. Os serviços de mídia social nos permitem reunir nossos contatos em um lugar, mas de modo geral não deixam que os organizemos em uma hierarquia de importância do tipo que interessa a ele.

Mas talvez não desejemos fazer isso publicamente. Antigamente, no Myspace, os usuários se angustiavam para saber quais de seus contatos os colocariam em seu grupo de pessoas "Top 8" que desejavam listar visivelmente em seu perfil como amigos. Isso nos leva a outro aspecto de nos conectarmos com muitas pessoas na mídia social. A psicologia não só está interessada no modo como lidamos com isso *neurologicamente*, mas também no modo como administramos isso *socialmente*.

Um problema potencial da mídia social é que os usuários podem querer segmentar seus contatos em grupos diferentes. Por exemplo, você pode não ter nenhum problema em se conectar com seu chefe no LinkedIn, mas pode se sentir de modo diferente se ele lhe enviar uma solicitação de amizade no Facebook. Manter separações como essas entre nossos contatos de mídia social é um desejo bastante normal, mas é bem difícil de conseguir. Na prática, essas separações não se sustentam porque, como Marwick e boyd dizem, ocorre um "colapso de contexto" entre elas.[11]

O artigo deles de 2010 envolveu uma metodologia interessante: perguntaram a usuários do Twitter, no próprio Twitter, a quem eles escreviam seus tweets. Há um problema crucial com a comunicação na mídia social: apesar de termos muitos contatos, nós realmente não temos muita certeza a respeito de quem está prestando atenção em nós a cada momento. Assim, Marwick e boyd usam o conceito de *público imaginado*. Mesmo em conversas cotidianas, não podemos ter certeza absoluta de como nossa mensagem será transmitida ou de quem está nos ouvindo, mas essa questão é intensificada na mídia social. Quando você pensa sobre quantos dos seus seguidores no Twitter podem estar online, para quem

---

11 Marwick, A. E.; boyd, danah. (2010). I tweet honestly, I tweet passionately: Twitter users, context collapse, and the imagined audience. *New Media & Society*, *13*(1), 114-133. https://doi.org/10.1177/1461444810365313.

eles podem retweetar e em quais buscas você pode aparecer, fica realmente difícil imaginar quem está lendo seus tweets.

Os participantes da pesquisa de Marwick e boyd deram algumas respostas interessantes a respeito de para quem eles escreviam. Voltando ao Capítulo 2 e a nossa conversa sobre identidades, é interessante ver que vários participantes afirmaram que seus tweets eram escritos para um público em que você talvez não tenha pensado: eles disseram que estavam escrevendo para si mesmos. Como Marwick e boyd disseram: "falar conscientemente a um público é visto como algo não autêntico". Talvez essa fosse mais uma característica do Twitter em 2010, mas ainda é curioso que a primeira pessoa com quem alguns usuários de mídia social tentassem se conectar fosse eles mesmos.

Outros usuários do Twitter, especialmente os que tinham grande número de seguidores, pensavam sobre seu público em termos de fãs, como uma comunidade, uma transmissão ou uma mensagem política consistente. Mas mesmo nesses contextos, e também em usuários com menos seguidores, emergiu um tema comum: não ser capaz de segmentar o público e, por isso, ter de buscar um tipo de mensagem com "o mínimo denominador comum" – segura, insossa e inofensiva.

Marwick e boyd interpretaram as respostas de sua pesquisa como refletindo uma de duas táticas para negociar esses problemas. Por um lado, alguns usuários do Twitter simplesmente evitavam discutir alguns assuntos – eles se autocensuravam por medo de insultar algum de seus seguidores. E por outro lado, alguns usuários do Twitter tentavam equilibrar seus tweets mais profissionais com atualizações com mais informações pessoais. Em outras palavras, os usuários do Twitter tentavam não incomodar seu público imaginado e parecer mais humanos e mais fáceis de se relacionar. Essa última tática é interessante porque ela retorna, mais uma vez, à dificuldade constante que temos na mídia social ao tentarmos parecer autênticos. Assim, o que o artigo de Marwick e boyd mostra é que, embora saibamos que os serviços de mídia social, como o Twitter, criam muitas oportunidades para contato, eles também criam novas tensões e, de fato, conflitos.

CONTATOS E CONFLITO

Refletindo sobre nossos contatos de mídia social como um todo, é interessante pensar nas inter-relações entre eles. Além de serem nossos amigos, alguns de nossos contatos podem estar conectados entre si, alguns podem nos assediar e alguns podem ficar totalmente quietos. O que sabemos sobre a psicologia deles?

Por exemplo, quando falamos sobre mídia social no contexto de crianças e de criação de filhos, um medo comum é o risco do cyberbullying. Enquanto pesquisas anteriores se concentraram nos fatores individuais e psicológicos associados a esse tipo de agressão, poucas examinaram fatores mais sociais e estruturais. Em outras palavras, podemos explicar por que alguém é um cyberbully somente com base em sua personalidade, idade e gênero, ou devemos também examinar a posição dele dentro de panelinhas e de grupos de amizade na escola? Nessa perspectiva, vale a pena mencionar um estudo[12] sobre como os alunos têm posições únicas dentro de suas redes sociais. Esse artigo demonstra a importância de uma distinção feita no Capítulo 1. Como os autores estavam interessados em redes sociais *per se*, e de fato não trataram explicitamente de nenhum serviço online, você poderia argumentar que eu não deveria incluí-lo em um livro sobre mídia social! Mas ele é muito revelador de como entendemos pouco sobre a psicologia dos contatos de mídia social.

Nesse estudo, Festl e Quandt usaram o que poderíamos chamar de uma metodologia bem padrão de ciência social em um contexto educacional: eles deram aos alunos do Ensino Médio na Alemanha um questionário para preencher. Como em muitos desses projetos de pesquisa, eles fizeram perguntas aos participantes sobre suas características individuais, como idade, gênero, traços de personalidade, o quanto eles usavam computadores e se estavam ou não envolvidos em cyberbullying. De um modo um pouco mais incomum, eles fizeram também perguntas

---

12 Festl, R.; Quandt, T. (2013). Social relations and cyberbullying: The influence of individual and structural attributes on victimization and perpetration via the internet. *Human Communication Research*, 39(1), 101-126. https://doi.org/10.1111/j.1468-2958.2012.01442.x.

estruturais, como pedir aos estudantes que fizessem uma lista com seus melhores amigos. Essas informações permitiram que os pesquisadores entendessem a rede social da escola, revelando panelinhas de amizades, níveis relativos de popularidade e relacionamentos recíprocos. Em outras palavras, alguns estudantes estavam em muito mais listas de melhores amigos que outros.

Mais crucialmente, esses dados estruturais revelaram muitos achados interessantes em relação ao cyberbullying. Além dos fatores individuais – como as garotas serem vítimas mais prováveis de cyberbullying que os rapazes –, os fatores estruturais revelaram alguns achados inesperados. Embora tanto perpetradores quanto vítimas de cyberbullying fossem, em geral, menos populares que seus colegas de classe, isso não acontecia para uma outra categoria importante. Aqueles estudantes que experimentaram ser o perpetrador e também a vítima de cyberbullying eram muito populares entre seus colegas de classe. Em outras palavras, crianças que foram cyberbullies mas também sofreram cyberbullying eram mais populares que crianças que foram apenas cyberbullies ou apenas vítimas.

De modo fascinante, Festl e Quandt também dizem que, embora não estatisticamente significativo, parece que esses "perpetradores/vítimas" mostraram um padrão curioso de contato dentro da rede social como um todo. Uma representação visual dos relacionamentos estruturais dos participantes revelou que perpetradores/vítimas muitas vezes eram ligações entre diferentes panelinhas, em vez de centrais a qualquer grupo. Essa posição parece lhes dar alguma influência sobre grupos distintos, mas também os deixa vulneráveis a serem atacados por eles. Assim, quando examinamos o modo como agressões como cyberbullying acontecem online, parece que temos muito a aprender ainda sobre a psicologia dos contatos de mídia social. Festl e Quandt concluem de modo bem franco que, sem levar em conta esses tipos de fatores estruturais, as explicações para agressões online como o cyberbullying continuarão insuficientes.

Porém, isso se refere a contatos sociais em que existe algum nível de interação real. Seria compreensível pensar que não existe nada de interessante acontecendo em nossos contatos de mídia social em que não há nenhuma interação. Mas existe, e a pesquisa aqui é bastante reveladora da psicologia desses serviços: bem-vindo ao maravilhoso mundo do FOMO.

Um artigo pioneiro sobre esse assunto, escrito por Przybylski e seus colegas, continua a estabelecer a pauta aqui, pois eles desenvolveram um questionário para medir o "medo de ficar de fora" e o testaram em três estudos.[13] A versão final desta escala incluiu itens como "Quando eu saio de férias, eu continuo a acompanhar o que meus amigos estão fazendo".

Przybylski e seus colegas estavam interessados em entender como o medo de perder alguma coisa se correlacionava com outras questões psicológicas, ou seja, suas associações motivacionais, emocionais e comportamentais. O que eles descobriram foi que o FOMO é basicamente experimentado por jovens, e mais por rapazes que por garotas. Isso também está associado a não estar psicologicamente satisfeito em várias áreas, entre elas autonomia pessoal, capacidade de se relacionar e competência. Em outras palavras, se você sentir que não tem independência, proximidade com outras pessoas e capacidade geral, provavelmente corre o risco de experimentar FOMO quando entra na mídia social. Mais uma vez, isso não lhe parece similar ao desafio mais profundo da mídia social: a luta para ser autêntico?

Assim, seria provavelmente uma boa ideia pensar duas vezes antes de postarmos conteúdo na mídia social – mesmo se for algo positivo ou alegre, não temos ideia de como isso faz nossos contatos se sentirem. Em particular, aquelas pessoas que estão se esforçando para encontrar seu lugar no mundo podem achar que nossas vidas aparentemente perfeitas são difíceis de engolir. Mas vamos falar mais sobre atualizações no próximo capítulo.

RESUMO

Neste capítulo, vimos como os contatos de mídia social podem ser valiosos, mas não da maneira mais direta. Embora o desafio do balde de

---

13 Przybylski, A. K.; Murayama, K.; Dehaan, C. R.; Gladwell, V. (2013). Motivational, emotional, and behavioral correlates of fear of missing out. *Computers in Human Behavior*, 29(4), 1841-1848. https://doi.org/10.1016/j.chb.2013.02.014.

gelo corrobore o valor central da mídia social, de que se conectar com as pessoas é uma coisa boa, em circunstâncias pessoais as coisas são mais complexas. Vimos que o Facebook ajudou os alunos universitários a criar e manter contatos com conhecidos, mas não foi de muita ajuda para os relacionamentos mais próximos. No entanto, o oposto aconteceu com o Snapchat, que é melhor para manter amizades próximas que simples conhecidos. Você tem de escolher o serviço de mídia social que mais combine com seus relacionamentos.

Em relação a nossos contatos como um todo, discutimos o "número de Dunbar", que sugeriu um limite neurológico para o tamanho de nossos grupos sociais. Não só ele foi refletido em nossos contatos de mídia social, mas também o grupo de simpatia e o grupo de apoio – indicando que só somos capazes de nos conectar emocionalmente com um determinado número de pessoas, seja online ou não.

Além disso, temos a questão do colapso de contexto – não querer que todos vejam cada atualização que postamos, mas não ter a mínima ideia de quem está prestando atenção. Assim, nós só compartilhamos atualizações que não ofendam ninguém ou as equilibramos com revelações pessoais, a fim de criar uma maior identificação com nosso "público imaginado".

Nós também consideramos o atrito que pode ocorrer entre nossos contatos. Em particular, os perpetradores e as vítimas de cyberbullying não parecem ser populares dentro de suas redes sociais escolares, mas perpetradores/vítimas parecem ser bastante influentes socialmente. Por fim, nós refletimos sobre aquele ponto tranquilo em nossos contatos de mídia social, aquelas pessoas que não interagem, e como podemos tentar não provocar nelas o "medo de ficar de fora", sendo cuidadosos com o que incluímos em nossas atualizações.

4

ATUALIZAÇÕES

Até agora, cobrimos o que pode ser chamado de aspectos fundamentais da mídia social. Criar um perfil e se conectar com outros são o tipo de coisas que você faz quando cria uma conta. Neste capítulo, nos voltamos para o comportamento mais habitual na mídia social. De postagens de blogs a tweets e atualizações de status, a capacidade de criar conteúdo escrito e compartilhá-lo amplamente está presente em quase todos os serviços de mídia social. Esses textos públicos são possivelmente o aspecto menos sutil dos serviços de rede social. Mas quem nós queremos que veja nossas atualizações? Será que nossos controles de privacidade são efetivos em relação a elas? E por quanto tempo queremos que sejam visíveis?

O ponto crucial desse capítulo é tentar encontrar o equilíbrio entre o imenso poder de publicidade que a mídia social traz e suas possíveis desvantagens.

ESTUDO DE CASO: O CASO DA PIADA NO TWITTER

Enquanto muitas pessoas no Reino Unido vão lembrar de 2010 como um ano que começou com um tempo especialmente frio, ele também ocupa um lugar memorável na história da mídia social. Em 6 de janeiro, Paul Chambers percebeu que a pesada nevasca poderia atrapalhar seus planos de viajar para conhecer uma mulher com quem ele vinha conversando online.[1] Parecia que o aeroporto local ficaria fechado por algum tempo. Considerando que ele vinha conversando com "@CrazyColours" no Twitter, não é de surpreender que Chambers postasse tweets com sua frustração. Porém, sua escolha de palavras não foi a melhor possível, e essa atualização de mídia social logo ecoaria ao redor do mundo: "Droga! O aeroporto Robin Hood está fechado. Você tem uma semana e pouco para resolver toda essa merda ou então eu vou explodir o aeroporto!".[2] Obviamente, isso foi uma piada, certo? De um modo bizarro, isso na verdade começou o longo episódio na história jurídica britânica conhecido como "o caso da piada no Twitter".[3]

Apesar de o Twitter ser elogiado como um meio de publicação instantâneo, o tweet de Chambers não foi notado até alguns dias depois, quando foi encontrado acidentalmente por um gerente de segurança que estava de folga.[4] Ele foi passado para a polícia, e Chambers foi preso, acusado de enviar uma mensagem ameaçadora e, finalmente, multado em

---

1 Bowcott, O. (27 jul. 2012). Twitter joke trial: Paul Chambers wins high court appeal against conviction. *The Guardian*. Disponível em: www.theguardian.com/law/2012/jul/27/twitter-joke-trial-high-court.
2 Evidentemente o tweet de Chambers foi excluído, mas foi reproduzido em muitos noticiários, entre eles os citados aqui.
3 Chambers, P. (11 maio 2010). My tweet was silly, but the police reaction was absurd. *The Guardian*. Disponível em: www.theguardian.com/commentisfree/libertycentral/2010/may/11/tweet-joke-criminal-record-airport.
4 Doughty, S. (27 jul. 2012). Accountant wins appeal against conviction for airport bomb Tweet after judge realises it was a JOKE. *The Daily Mail*. Disponível em: www.dailymail.co.uk/news/article-2179782/Twitter-joke-trial-Paul-Chambers-wins-appeal-conviction-airport-bomb-Tweet.html.

mil libras no tribunal. Porém, o caso dele foi abraçado por ativistas de liberdades civis, inclusive celebridades e políticos, e depois de três recursos, a condenação de Chambers foi revogada. E, embora ele tenha perdido dois empregos durante tudo isso, acabou se casando com a mulher que estava tentando encontrar naquela fatídica manhã de janeiro[5] e que, presumivelmente, era seu público-alvo para a "piada".

Desde então, houve casos semelhantes em que atualizações da mídia social produziram reações totalmente inesperadas para seus autores. Quais são as lições psicológicas desses incidentes?

ATUALIZANDO NO ESCURO

Um artigo ainda importante e agradável de ler, escrito por John Suler em 2004,[6] vai ajudar a explicar a psicologia de atualizações. Ele se concentrou na observação de que as pessoas parecem dizer coisas online que não diriam na "vida real". Suler chama esse fenômeno de "desinibição online", que pode ter tanto consequências benignas quanto tóxicas.

Segundo Suler, a desinibição online abarca seis fatores. Primeiro, há a *anonimidade dissociativa*. Conforme o Capítulo 2, é muito fácil usar contas diferentes e detalhes inexatos online. Em outras palavras, podemos sentir que "não somos nós mesmos" e, portanto, podemos fazer coisas que normalmente não faríamos.

O segundo fator é a *invisibilidade*: quando estamos online, sentimos que podemos observar o que está acontecendo sem sermos vistos. Por exemplo, quando rolamos a tela em um feed de notícias, podemos ver as atualizações que nossos contatos postaram – sem postar nenhuma atualização nossa. Além disso, mesmo que nossa atividade seja provavelmente

---

5 Archer, B. (28 jul. 2017). 'Twitter joke' trial brought fairytale ending for Co Down woman. *The Irish News*. Disponível em: www.irishnews.com/news/2017/07/28/news/-twitter-joke-trial-brought-fairytale-ending-for-co-down-woman-1095302/.
6 Suler, J. (2004). The online disinhibition effect. *CyberPsychology & Behavior*, 7(3), 21-326. https://doi.org/10.1089/1094931041291299S.

monitorada pelo serviço de mídia social, não temos essa sensação. Nós nos sentimos quase invisíveis.

Em terceiro lugar, há o fator *assincronicidade*: quando estamos online, não sentimos realmente que estamos agindo em "tempo real". Em outras palavras – como qualquer pessoa que já me mandou um e-mail pode confirmar –, ninguém é obrigado a responder imediatamente a uma comunicação online. Por consequência, considerando esse tempo e esse espaço para responder quando tivermos vontade, nós conseguimos pensar em nossas respostas de uma maneira que não poderíamos fazer se nossas conversas fossem totalmente sincrônicas ou em tempo real. Obviamente, isso pode resultar em uma comunicação mais clara, mas significa que nos comunicamos de maneiras diferentes online e frente a frente.

Em quarto lugar, a desinibição online inclui a *introjeção solipsista*: desenvolvemos ideias a respeito da pessoa com quem estamos interagindo online. Isso ocorre particularmente com pessoas que nunca encontramos antes: preenchemos as lacunas emocionais na mensagem que elas enviaram e tentamos imaginar quem elas são. Visualizamos como elas falam e como agem, porque é mais fácil se comunicar com uma pessoa "real" que com um texto simples e seco. Desse modo, quando lemos as atualizações da mídia social, existe um processo psicológico poderoso em ação na nossa imaginação. Isso é claramente parte de como funcionam os namoros online. Antes de encontrarmos alguém, construímos ideias em nossa cabeça a respeito dessa pessoa – e essas ideias podem ou não se mostrar verdadeiras no primeiro encontro!

Em quinto lugar, a desinibição online também envolve a *imaginação dissociativa*: nós tratamos nossa atividade online como um jogo ou uma fantasia. Essa é uma suposição profunda que permeia muitas suposições sobre a internet: que ela não é o "mundo real" e por isso não conta realmente como importante. Naturalmente, essa sensação pode ter consequências desastrosas.

Um elemento final da desinibição online é a *minimização do status e da autoridade*. No mundo físico, é difícil não perceber as regras e as leis. Existem linhas amarelas no lado da estrada em que você não pode estacionar o carro. Os policiais geralmente são visíveis de alguma distância por causa de seus uniformes. Mas não é assim no espaço cibernético, onde seria compreensível pensar que não há autoridade – e de fato a internet em si não tem controle centralizado. Além disso, como Suler afirma, a "filosofia tradicional" da internet é que este é um lugar em que todos são iguais e podem compartilhar ideias e recursos. Embora isso claramente seja uma filosofia admirável, sem que haja moderação clara, a consequência é que a mídia social algumas vezes parece ser um lugar sem regras.

Muitos desses fatores podem ser vistos no caso da piada do Twitter. O sr. Chambers provavelmente se sentiu um pouco invisível: se ele tivesse pensado que seu tweet seria visto pelos serviços de segurança, ele não teria feito a postagem. Isso também sugere que ele minimizou a ideia de que qualquer autoridade o estivesse observando. Podemos ver a introjeção solipsista também: provavelmente ele estava pensando que sua namorada leria seu tweet, mas não pensou em mais ninguém. Além disso, também há imaginação dissociativa aqui: o tweet sugere brincadeira, não seriedade. Como tal, a desinibição online ilumina a psicologia complexa dessa infame atualização da mídia social.

Mas na maioria dos casos, nós não vemos as atualizações isoladamente. Também devemos tentar entender a psicologia do feed de notícias, em que muitas atualizações são apresentadas em sucessão. Embora atualmente quase todos os serviços combinem as atualizações de usuários nesse feed de notícias, quando esse recurso foi introduzido pelo Facebook, em 2006, ele causou muita controvérsia, como um estudo desse período explica.[7]

Anteriormente, quando um usuário do Facebook postava uma atualização, ela simplesmente aparecia em sua própria página. Assim, para ver as novas atualizações, os usuários tinham de visitar manualmente os perfis de cada um de seus contatos, ou o que era chamado então de seu mural do Facebook. O novo recurso combinava a atividade individual dos usuários em um único local, como chamadas em um jornal – daí o nome, feed de notícias. Considerando como isso é central à experiência da mídia

---

7 Hoadley, C. M.; Xu, H.; Lee, J. J.; Rosson, M. B. (2010). Privacy as information access and illusory control: The case of the Facebook News Feed privacy outcry. *Electronic Commerce Research and Applications*, 9(1), 50-60. https://doi.org/10.1016/j.elerap.2009.05.001.

social hoje, você poderia pensar que os usuários do Facebook acolheram calorosamente tal inovação. Como Hoadley, Xu, Lee e Rosson indicam, o feed de notícias não expôs nenhuma informação que fosse anteriormente privada – ele simplesmente coletou muitas atualizações públicas dos murais dos usuários e as exibiu em um lugar.

Na verdade, houve considerável protesto entre os usuários a respeito do feed de notícias. Embora os usuários raramente expressem algo diferente de raiva quando um serviço de mídia social muda seu design, nesse caso o protesto foi significativamente mais forte que o normal. Hoadley e seus colegas pesquisaram os usuários do Facebook após essa mudança e descobriram alguns detalhes muito reveladores sobre o motivo de isso acontecer.

A maioria dos pesquisados desaprovava o feed de notícias, e 29% disseram que se sentiam "muito negativos" a respeito dele. Muitos disseram que seus sentimentos eram legitimamente devidos a essas mudanças, e não porque eles ficaram presos na histeria da mídia. Mas então por quê?

Hoadley e seus colegas respondem a essa pergunta dando um suporte empírico para o que pode ser uma sabedoria antiga: não tem a ver com controle, tem a ver com o controle *percebido*. Quando indagados, 66% dos pesquisados concordaram com a afirmação: "A mesma informação já estava disponível antes, mas ficou mais fácil de consegui-la depois". De fato, os usuários do Facebook sentiam que tinham algum controle sobre quem via suas atualizações de status. Mas esse controle se evaporou quando o feed de notícias as tornou muito fáceis de encontrar.

Mais uma vez, isso se liga ao que falamos no Capítulo 3. Em seu cerne, a controvérsia do feed de notícias tem a ver com o colapso do contexto: usuários tentando controlar quem vê suas atualizações. Isso também corresponde ao que vimos no Capítulo 1 – na raiz de muita atividade na mídia social está a luta pessoal para manter o controle sobre como nossa identidade é representada online. Mais uma vez, quando falamos sobre a psicologia das atualizações, nós também falamos sobre o paradoxo da privacidade.

ICEBERGS E INVISIBILIDADE

Outro artigo,[8] publicado na mesma época que o de Hoadley, foi elaborado por Debatin, Lovejoy, Horn e Hughes e se concentra nessa questão em particular. Por que os usuários de mídia social parecem entender as questões de privacidade, mas continuam a fazer upload de informações particulares em suas atualizações de status? Embora essa seja mais uma pesquisa do Facebook com estudantes universitários norte-americanos, ela é muito útil não só por seus achados, mas pela metáfora que usa para explicá-los.

Debatin e seus colegas estavam escrevendo não só no contexto da controvérsia do feed de notícias, mas também de várias outras questões de privacidade relacionadas, entre elas uso por terceiros, mineração de dados e anúncios direcionados. (Sim, todas essas eram grandes questões no Facebook há mais de uma década!) Esse estudo tinha o objetivo de compreender como os usuários entendem e reagem a essas questões de privacidade.

Os pesquisadores primeiro esclareceram se os usuários do Facebook realmente entendiam a privacidade na mídia social. Ao contrário do que se esperava, a grande maioria entendia e tinha feito restrições, de modo que, por exemplo, apenas seus Amigos podiam ver os perfis. Contudo, mais de 90% dos participantes usavam seu nome real completo, gênero, data de nascimento e cidade no perfil. Uma porcentagem similar também incluía fotos de perfil de si mesmos, bem como fotos de seus amigos e familiares. Junte a isso o fato de que apenas 52% disseram que só aceitavam solicitações de amizade de pessoas que conheciam pessoalmente, e você pode ver que existe um problema aqui.

Como Debatin et al. afirmam delicadamente, existe uma contradição entre dizer que você entende as questões de privacidade e, ao mesmo

---

8 Debatin, B.; Lovejoy, J. P.; Horn, A-K.; Hughes, B. N. (2009). Facebook and online privacy: Attitudes, behaviors, and unintended consequences. *Journal of Computer-Mediated Communication*, 15(1), 83-108. https://doi.org/10.1111/j.1083-6101.2009.01494.x.

tempo, fazer upload de quantidades significativas de informações pessoais e compartilhá-las com muitas pessoas. Como essa contradição aparente é resolvida?

Uma explicação que os autores dão é que isso pode se dever ao efeito do "terceiro": em outras palavras, percebemos os riscos como tendo maior probabilidade de afetar outras pessoas e não nós mesmos. Mas Debatin e seus colegas não ficaram inteiramente satisfeitos com isso. Eles também brincam com a ideia de que os jovens acham que manter a comunicação por meio de tecnologias como a mídia social é tão essencial para sua vida que qualquer risco de privacidade vale a pena, mas isso também parece inadequado.

A explicação a que Debatin e seus colegas chegam é uma simples ilustração que chamam de "modelo de iceberg" do Facebook. A parte visível de um iceberg, dizem eles, é como a parte divertida da mídia social, em que os usuários passam seu tempo divertindo-se, navegando e postando atualizações de status. Mas embaixo d'água, na parte do iceberg que não podemos ver, estão os aspectos mais substanciais da mídia social: todos os nossos dados da mídia social, informações do perfil, interações e atualizações de status, mas agregados e refinados para propósitos de publicidade.

Debatin et al. deduzem que, para que a exploração comercial da mídia social tenha sucesso, ela precisa usar a parte invisível do iceberg, mas de modo silencioso e não invasivo. Assim, quando definimos nossas configurações de privacidade, como esconder nosso perfil de todos exceto os Amigos, estamos na verdade só interagindo com a parte visível do iceberg. Não importa quantas configurações de privacidade você ative, você ainda estará compartilhando todos os seus dados com os proprietários do serviço de mídia social. É assim que o paradoxo da privacidade acontece: temos um senso de controle sobre nossas atualizações de status – a parte visível do iceberg –, enquanto deixamos de lado as informações muito mais valiosas e confidenciais abaixo. É só quando uma controvérsia sobre a mídia social chega ao noticiário, quase como um desmembramento do iceberg, que nos conscientizamos do que compartilhamos abaixo da linha d'água.

No entanto, isso não explica completamente por que continuamos a postar atualizações nessa ponta visível. Embora os artigos empíricos sejam a maioria na ciência social, muitas vezes é mais útil considerar essas questões com uma abordagem teórica. Um artigo que eu consulto muitas e muitas vezes em relação a isso foi publicado por Taina Bucher em 2012[9] e é um estudo de caso do feed de notícias do Facebook. Bucher identifica uma questão no cerne da psicologia das atualizações de mídia social: o problema da visibilidade. Queremos que nossas postagens de mídia social sejam *vistas*, mas nunca estamos muito certos de quantas pessoas as viram.

Para fazer isso, Bucher compara o algoritmo do feed de notícias com a vigilância sob as sociedades totalitárias. Sob uma ditadura ou monarquia absoluta, as pessoas tendem a se comportar em conformidade com a ideologia governante porque elas supõem que estão sendo constantemente observadas – uma teoria conhecida como panopticismo. É assim que a ideologia é seguida: não necessariamente porque seja ensinada à força para as pessoas, mas porque elas supõem que estão sob vigilância constante e, assim, a seguem de modo rotineiro.

Embora isso possa parecer muito distante da maior parte de nossa vida, Bucher explica como essa é uma analogia útil para o que acontece quando postamos atualizações de status no Facebook, mas com algumas diferenças cruciais. A análise dela começa com outra controvérsia do Facebook em relação ao feed de notícias (sim, aconteceu mais de uma!). Nessa ocasião, houve um protesto público quando o Facebook modificou esse recurso. Originalmente, o feed de notícias exibia as atualizações de status em ordem cronológica, com o conteúdo mais recente no alto. Porém, em setembro de 2011, isso mudou silenciosamente. A partir de então, o Facebook decidiria quais atualizações eram mais importantes para você e as colocaria no topo de seu feed de notícias.

---

9 Bucher, T. (2012). Want to be on the top? Algorithmic power and the threat of invisibility on Facebook. *New Media & Society*, *14*(7), 1164-1180. https://doi.org/10.1177/1461444812440159.

Além disso, vários outros serviços de mídia social, como Instagram,[10] LinkedIn[11] e Twitter[12] têm, desde então, introduzido linhas do tempo algorítmicas ou não cronológicas. Portanto, boa parte da análise de Bucher pode ser aplicada também a esses serviços. Em todos esses casos, os algoritmos são exclusivos e secretos, mas, como ela explica, conhecemos os principais fatores envolvidos.

Em primeiro lugar, Bucher observa o conceito de afinidade: quanto maior a proximidade da ligação com a pessoa que compartilhou a atualização, mais provável é que ela esteja no alto de nosso feed. Em segundo lugar, existe um fator de oportunidade: quanto mais antiga for a atualização, menos provável é que o algoritmo a coloque no alto do feed da qualquer pessoa. E em terceiro lugar, e talvez mais obscuro, existe um fator de peso, que corresponde à quantidade de interação que as outras pessoas tiveram com a atualização. Quanto mais curtidas, compartilhamentos e comentários uma atualização de status receber, mais provável é que o algoritmo da mídia social a promova a outros usuários.

Bucher conclui com algumas observações que são úteis para compreender a psicologia do status da mídia social. Em primeiro lugar, se você não postar atualizações em um serviço de mídia social com uma linha do tempo algorítmica, você é efetivamente punido com a invisibilidade. Não existe motivo para simplesmente criar um perfil e se conectar com as pessoas. Você não será visto na mídia social a menos que poste uma atualização.

Em segundo lugar, ao colocar no alto do feed de notícias as atualizações que muitas pessoas estão curtindo, comentando e compartilhando, o Facebook faz com que pareça que esse tipo de comportamento é a norma. Assim, o algoritmo do Facebook não só deixa claro que deseja que você poste atualizações de status ao colocar as atualizações com muita

---
10 Instagram. (s.d.). Feed. *Instagram Help Center*. Disponível em: https://help.instagram.com/1986234648360433/.
11 LinkedIn. (s.d.). Visibility and impact of your social activity on the LinkedIn feed. *LinkedIn Help*. Disponível em: www.linkedin.com/help/linkedin/answer/85598.
12 Twitter. (s.d.). About your Twitter timeline. *Twitter Help Center*. Disponível em: https://help.twitter.com/en/using-twitter/twitter-timeline#settings.

interação no começo de seu feed de notícias, mas também mostra que deseja que você curta, comente e compartilhe outras atualizações de status. Do mesmo modo, isso significa que não só você deveria postar atualizações, mas que você deveria postar atualizações que tenham muitas curtidas, comentários e compartilhamentos. Então, você tem de pensar nisso antes de postar alguma coisa.

Finalmente, e em consequência disso, o Facebook reforça a visibilidade de atualizações de mídia social que já são visíveis e, portanto, o que já é popular se torna ainda mais popular. Isso também é contrário ao tipo de difusão de notícias positivas que supostamente está no cerne da mídia social, como o desafio do balde de gelo que discutimos no Capítulo 2. Isso torna mais difícil que as pessoas menos populares atinjam visibilidade, o que também parece injusto. Portanto, continuamos a postar muitas informações pessoais em nossas atualizações porque é isso que esses serviços nos incentivam a fazer, e eles também nos punem com invisibilidade se não fizermos isso.

FUTURO DAS POSTAGENS

É claro que quando postamos uma atualização hoje, queremos que ela seja visível *neste momento*. Mas e quanto ao futuro? Haverá um tempo em que isso se referirá a algo do passado, em que podemos desejar que o assunto não fosse tão público. Algoritmos podem tirar atualizações antigas do alto de nossos feeds de notícias, mas nunca as arquivar ou excluir: elas permanecem online e pesquisáveis indefinidamente. Mudar de ideia é uma parte essencial do crescimento psicológico, e essa parte pode ser frustrada pela qualidade indelével da mídia social. O que sabemos da psicologia das atualizações de status anacrônicas?

Em uma investigação em duas partes,[13] Bauer e seus colegas realizaram um estudo longitudinal com duração de um mês e também um

---

13 Bauer, L.; Cranor, L. F.; Komanduri, S.; Mazurek, M. L.; Reiter, M. K.; Sleeper, M.; Ur, B. (2013). The post anachronism: The temporal dimension of Facebook privacy. In: *Proceedings of the 12th ACM workshop on workshop on*

estudo retrospectivo examinando a semana e o ano anteriores. Eles estavam interessados em como as pessoas viam o status de privacidade das atualizações da mídia social no decorrer do tempo. Assim, no estudo longitudinal, Bauer e seus colegas pediram aos participantes que pensassem na visibilidade das atualizações que haviam compartilhado no Facebook na semana anterior, isto é, quem eles queriam que as visse, de "todos/ público", passando por "apenas Amigos" até "ninguém/desaparecer". Então, eles fizeram a esse grupo perguntas semelhantes a respeito das mesmas postagens uma semana depois e um mês depois. Em seguida, em um esforço para confirmar seus achados, no estudo retrospectivo, Bauer e seus colegas pediram a outra amostra de usuários do Facebook que examinassem suas atualizações da semana e do ano anteriores.

No geral, com apenas uma exceção, os resultados dos dois estudos de Bauer e seus colegas não produziram nenhum achado realmente surpreendente. Os autores ficaram um pouco surpresos que, como um todo, os participantes não quisessem que suas atualizações desaparecessem com o tempo. Em geral, eles queriam que um pequeno número de atualizações se tornasse mais privado e que um pequeno número de atualizações se tornasse mais visível com o passar do tempo. Embora Bauer et al. observem que essa tarefa não é facilitada pelos sites de mídia social, como apenas um pequeno número de atualizações é afetado, certamente isso não seria um grande problema. Será mesmo?

Um achado do estudo longitudinal complica a questão. Na primeira semana, pediu-se que os participantes previssem como achavam que iam querer que a visibilidade das postagens do Facebook daquela semana mudasse no futuro. Quando essas previsões eram comparadas com o que eles realmente faziam com as postagens um mês depois, Bauer e seus colegas não encontraram nenhuma relação. Em outras palavras, os usuários do Facebook não eram bons em prever se iam querer ou não que suas postagens de mídia social permanecessem públicas no futuro. Temos dificuldade de imaginar quão visíveis ou ocultos gostaríamos de nos tornar – mesmo em um período tão curto quanto algumas semanas.

---

privacy in the electronic society (pp. 1-12). New York: ACM Press. https://doi.org/10.1145/2517840.2517859.

Claramente, quanto mais vivermos na mídia social, mais provável será que sejamos afetados por isso.

Embora a mídia social ainda seja vista como "nova" – talvez porque esses serviços parecem mudar seu design de poucos em poucos meses –, ela já existe há um bom tempo. Alguns usuários passaram a maior parte de sua vida na mídia social. Qual é a sensação de acessar suas atualizações de muitos anos atrás? E como isso afetaria quais atualizações podemos postar hoje?

Como mencionado no Capítulo 3, os usuários de mídia social são sensíveis ao "colapso de contexto" ao postarem atualizações em relação a como elas serão vistas por diversos grupos sociais dentro de seus contatos. Mas recentemente os pesquisadores criaram um conceito relacionado, chamado "colapso de tempo".[14]

Isso se refere à observação de que alguns usuários de mídia social, quando postam, são sensíveis ao modo como isso pode parecer em comparação com o que disseram em atualizações anteriores. Isso é similar aos problemas que encontramos no Capítulo 2: é como se a consistência fosse um requisito de autenticidade. Em outras palavras, o passado não é mais completamente passado – ele colapsou no presente.

Neste estudo, os pesquisadores realizaram grupos de foco com jovens adultos usuários de mídia social. Crucialmente, em uma metodologia que torna esse estudo especialmente sólido, não só os grupos aconteceram na Espanha e na Noruega, mas também primeiro em 2009 e de novo em 2015.

Notavelmente, nas entrevistas de 2009, Brandtzaeg e Luders encontraram evidências de colapso de contexto – isto é, os usuários se expressavam de uma maneira feliz, mas filtrada e sem controvérsias –, mas não acharam indícios de colapso de tempo.

No entanto, isso mudou em 2015. Esses entrevistados expressaram preocupações agudas a respeito de como suas tentativas de projetar uma imagem profissional na mídia social podiam facilmente ser comprometi-

---

14 Brandtzaeg, P. B.; Luders, M. (2018). Time collapse in social media: Extending the context collapse. *Social Media + Society*, 4(1), 205630511876334. https://doi.org/10.1177/2056305118763349.

das pelos traços digitais de sua juventude. Em especial, uma participante, uma repórter, expressou inveja de suas colegas mais velhas: "Jornalistas mais velhas não têm muitas fotos nuas online, não é?". Outros mencionaram repassar tweets e atualizações antigas de outros serviços de mídia social, em busca de qualquer coisa constrangedora para excluir.

Brandtzaeg e Luders observaram que o efeito é mais pronunciado em serviços de mídia social que operam com contas de identidade única e nome real, e onde o conteúdo é arquivado, mas permanece público ou semipúblico e pode ser acessado online. Em outras palavras, isso provavelmente se aplica um pouco mais ao Facebook que ao Instagram ou ao Twitter. Eles sugerem que esse desenvolvimento se deve a diversos fatores. Obviamente, em 2009 não havia tantos participantes que cresceram com a mídia social como em 2015. Essas pessoas tinham "registros de vida" online mais extensos que os primeiros participantes e, assim, "o passado delas permanecia presente".

Crucialmente, como Brandtzaeg e Luders relatam, em 2011, o Facebook substituiu o mural pela linha do tempo, o que tornou mais fácil encontrar atualizações de status antigas. Antes disso, para ver as atualizações antigas de um usuário, era preciso ficar pressionando "Mostrar mais postagens" na parte inferior do mural, mas a linha do tempo as organizou por ano, mês e dia. Isso nos lembra o Capítulo 2 e a estrutura dos perfis afetando o modo como nos expressamos autenticamente. Você pode imaginar a quantidade de trabalho de perfil envolvida em rever todas as suas atualizações anteriores quando a linha do tempo foi lançada?

É por isso que alguns dos participantes do estudo de Brandtzaeg e Luders de 2015 preferiam serviços efêmeros, como o Snapchat, ou de mensagens particulares, como o WhatsApp. Vamos discutir a psicologia do compartilhamento de mídia no próximo capítulo, e a psicologia das mensagens no seguinte.

RESUMO

Para concluir este capítulo, vamos nos lembrar de onde começamos. Um britânico tweetou uma piada sem pensar em quem a leria e, como resultado, terminou no tribunal. Esse é um bom exemplo da desinibição online, pela qual as pessoas dizem coisas online que não necessariamente diriam em um contexto frente a frente. Em particular, Paul Chambers provavelmente experimentou a minimização da autoridade, mas também algum grau de invisibilidade, que é um tema corrente na psicologia das atualizações de mídia social.

Esse foi o caso da revolta que se seguiu à introdução do feed de notícias do Facebook, em que os usuários não gostaram de suas atualizações de status subitamente se tornando mais visíveis. Isso também nos dá algum *insight* quanto ao paradoxo da privacidade: é doloroso quando parece que perdemos o controle sobre a visibilidade de nossas atualizações. No entanto, nossas configurações de privacidade não nos dão muito controle sobre a parte subaquática de nosso iceberg de mídia social. Parecemos concentrar a maior parte de nossa atenção na ponta visível, onde se situam nossas atualizações. Provavelmente isso reflete o poder de linhas do tempo algorítmicas como o feed de notícias do Facebook para focalizar a nossa atenção. Esses recursos de mídia social exercem uma influência disciplinar sobre os usuários: quando postamos atualizações populares, somos recompensados com mais visibilidade, mas, caso contrário, a ameaça da invisibilidade nos assombra.

Sob essa luz, não é de surpreender que não pareçamos querer que todas as nossas atualizações de status desapareçam conforme envelhecem – mas não somos bons em prever quais delas gostaríamos que se tornassem mais ou menos visíveis no futuro. E parece que, conforme nossa vida se torna cada vez mais arquivada na mídia social, e mais de nossas atualizações passadas permanecem acessíveis no presente, vamos sentir cada vez mais o colapso de tempo. Um exemplo especialmente constrangedor disso é a foto de uma indiscrição juvenil, que vamos discutir no próximo capítulo.

5

MÍDIA

No quinto capítulo, passamos ao que se tornou para muitos a tarefa mais habitual na mídia social: fazer upload de fotos e vídeos. Conforme se tornou possível fazer upload de grandes quantidades de dados, muitos usuários de mídia social descobriram que compartilhar mídia é uma maneira mais fácil de se expressar do que escrever uma atualização. De *selfies* a *lives*, existem agora muitas maneiras para tentarmos aproximar e aprofundar nossos contatos em nossa vida.

O ponto crucial aqui é examinar o valor de compartilhar esse conteúdo: quanto ganhamos ao colocar fotos e outras mídias online, e quanto perdemos?

ESTUDO DE CASO: O "SNAPPENING"

Em outubro de 2014, milhares de imagens do Snapchat foram vazadas na internet, em um incidente que ficou conhecido como "Snappening".[1] Como isso aconteceu logo depois de um incidente similar chamado "Fappening", na época parecia que as fotos particulares de todo mundo estavam se tornando públicas. Existem semelhanças entre os dois eventos, pois em ambos as imagens vazadas eram particulares, e muitas eram explícitas. Porém, o "Fappening" envolveu principalmente celebridades cujas contas do Apple iCloud tinham sido comprometidas.[2] Em contraste, as vítimas do "Snappening" eram pessoas comuns. Mas o mais importante é que isso dizia respeito a imagens do Snapchat que, obviamente, não tinham desaparecido como devia ter acontecido. A própria magia desse serviço tinha sido quebrada, o que deve ter incomodado muito os seus usuários. É fácil supor que um incidente desses seja um mero infortúnio lascivo, mas, quando examinamos o que de fato aconteceu, ele é profundamente revelador da psicologia do compartilhamento de mídia.

Na esteira do incidente do "Fappening", discussões no 4chan começaram a afirmar que um vazamento maior era iminente.[3] Dessa vez, o Snapchat tinha sido atingido, e todos os usuários do aplicativo corriam risco. Logo, um banco de dados com 13 GB de aproximadamente 90 mil fotos e 9 mil vídeos foi postado em um site de notícias viral. Ele foi rapidamente retirado do ar, mas não antes de todo o pacote ter sido baixado

---

1 Stern, M. (13 out. 2014). 'The Snappening' is real: 90,000 private photos and 9,000 hacked Snapchat videos leak online. *The Daily Beast*. Disponível em: www.thedailybeast.com/articles/2014/10/13/the-snappening-is-real-90k-private-photos-and-9k-videos-hacked-and-leaked-online.html.
2 Kamps, H. J. (15 mar. 2016). Prosecutors find that 'Fappening' celebrity nudes leak was not Apple's fault. *TechCrunch*. Disponível em: https://techcrunch.com/2016/03/15/prosecutors-find-that-fappening-celebrity-nudes-leak-was-not-apples-fault/.
3 Tufft, B. (12 out. 2014). The Snappening: What is 4chan's latest scandal – and is the Snapchat 'leak' a hoax? *The Independent*. Disponível em: www.independent.co.uk/incoming/the-snappening-what-is-4chans-latest-scandal-and-is-it-really-a-hoax-9789389.html.

várias vezes. Logo as imagens estavam circulando e, dentro de poucas horas, a Snap Inc. publicou uma declaração detalhando o que tinha acontecido e quem tinha sido afetado.[4] Na realidade, os servidores da Snap Inc. não tinham sido invadidos. O vazamento tinha vindo de um serviço de terceiros: outro aplicativo que também podia ser usado para enviar e receber snaps, mas com recursos adicionais que não estavam disponíveis no Snapchat.[5] O SnapSaved.com permitia que os usuários salvassem as imagens que recebiam, sem que o remetente soubesse disso. Essencialmente, isso contraria todo o objetivo do Snapchat, e de uma maneira oculta.

É claro que alguns poderiam dizer que é um tipo de justiça que aqueles que usavam esse serviço sofressem esse vazamento. E, para ser franco, esse tipo de discurso de culpabilização da vítima é muito comum depois desses vazamentos de informações pessoais – como certamente ocorreu depois do incidente "Fappening", em que muitas celebridades receberam críticas injustas. Porém, isso também é claramente errado, pois as vítimas verdadeiras aqui não foram as pessoas que usavam o Snap-Saved, mas aqueles que enviaram fotos para elas. Presumivelmente, ainda existem muitos usuários do Snapchat que não sabem que existem fotos suas flutuando pela internet porque alguém a quem enviaram snaps estava usando o SnapSaved, que depois sofreu um vazamento.

Então, como isso aconteceu? Como vimos no Capítulo 2, existem evidências que sugerem que os usuários do Snapchat são motivados por manter o capital social de ligação com um pequeno número de pessoas, possivelmente relacionamentos íntimos também. Mas o que aconteceu com o incidente "Snappening" é algo diferente: algo um pouco mais impulsivo e até mesmo desagradável.

---

4 Gilbert, B. (10 out. 2014). Snapchat servers 'were never breached,' but your snaps may still be compromised (update). *Engadget*. Disponível em: www.engadget.com/2014/10/10/snapchat-snapsave-alleged-breach/.
5 Vincent, J. (13 out. 2014). Has Snapchat been hacked? What's SnapSaved? Your questions answered. *The Independent*. Disponível em: www.independent.co.uk/life-style/gadgets-and-tech/the-snappening-has-snapchat-been-hacked-whats-snapsaved-your-questions-answered-9790658.html.

Duas pessoas se conectam no Snapchat supondo que as imagens que compartilham vão desaparecer. Bem, isso parece razoável. Mas uma pessoa ocultamente salva as imagens que recebe. Bom, isso não é justo. Então, por que ela faz isso? Pela magnitude do vazamento do "Snappening", parece que muitas pessoas estavam fazendo isso. Qual é a psicologia de compartilhar – e de fato manter – fotos e outras mídias desse modo?

VIAJAR SEM SE MOVER

Para variar, vamos assumir a perspectiva dos criadores, em vez da dos usuários, do ambiente online. Que ideias guiam os criadores da mídia social?

Um estudo analítico clássico[6] na história da comunicação mediada por computador pode nos ajudar aqui. Em 1997, Lombard e Ditton argumentaram que o conceito de *presença* está "no cerne de tudo isso". Embora tenha sido publicado muito antes do advento da mídia social, esse artigo tem muito a nos ensinar, em grande medida porque os autores tentaram construir uma abordagem teórica para entender muitas das tecnologias emergentes, entre elas a realidade virtual, a televisão de alta definição e as conferências por vídeo.

Segundo Lombard e Ditton, a presença é a ilusão que acontece quando uma experiência mediada não parece mediada. Por exemplo, a presença é necessária para que a tecnologia da realidade virtual seja agradável: se você ficar consciente demais com o fone de ouvido que está usando, ou se as imagens forem muito lentas, então ela não funciona – a ilusão de presença não foi gerada. Mas até mesmo com um humilde telefone é necessário que haja um elemento de presença também. Certamente, você já viu pessoas gesticulando enquanto estão em um telefonema, como se o interlocutor estivesse na frente delas.

---

6 Lombard, M. & Ditton, T. (1997). At the heart of it all: The concept of presence. *Journal of Computer-Mediated Communication*, 3(2), 1-23. https://doi.org/10.1111/j.1083-6101.1997.tb00072.x.

Para os autores, a presença pode ser pensada de diversas maneiras, várias das quais podem nos ajudar a entender o compartilhamento de fotos e vídeos na mídia social. Existe *riqueza social* – ou presença que tem a ver com intimidade e calor ao interagir com outras pessoas. Existe também *realismo* – ou presença que acontece quando o meio pelo qual interagimos tem a sensação de ser a "coisa real". Nós também podemos pensar em presença como *transporte*: de modo que você sente que está realmente lá, ou que aquilo que está olhando está na sala com você, ou, talvez mais intensamente, que você está reunido com outras pessoas.

Podemos ver essas interpretações de presença no compartilhamento de mídia online. Em termos de riqueza social, quando você está olhando as fotos das férias de um parente, você não se sente mais perto dele emocionalmente? E não existe um senso de realismo transitório, como se você também estivesse de férias – de fato, como se você tivesse sido transportado para outro lugar? Isso poderia explicar por que existe uma sensação tão ruim quando você sai do álbum e é jogado sem cerimônias de volta na vida real: a ilusão é quebrada.

Usar a mídia social para compartilhar vídeos e fotos – e assim *viajar* psicologicamente – talvez seja um dos principais apelos para os jovens, especialmente para aqueles que não têm independência. Além disso, quando pensamos de novo no "Snappening", talvez isso seja uma motivação para usar o Snapchat para enviar fotos íntimas. Se os engenheiros de tal serviço de mídia social puderem criar um efeito de presença convincente, então seus usuários podem realmente sentir que estão sozinhos juntos. Assim, para parceiros românticos que não podem viajar para se encontrar, um toque de presença bem feito pode ser a melhor coisa possível. Esse é um fator que pode não se aplicar apenas a adolescentes sem carros, mas também a casais de celebridades em lados separados do mundo, como parece ter acontecido no incidente "Fappening".

Isso também poderia explicar o SnapSaved: ao manter a imagem que deveria desaparecer, eles permitem que o destinatário permaneça nesse espaço. Claro, é um lugar proibido que nem deveria existir, mas se você não quiser estar onde realmente está, quem se importa? Por que não se demorar um pouco no momento íntimo e ficar mais um pouco em um lugar onde preferiria estar? Talvez seja por isso que tantos usuários tenham se cadastrado nesse aplicativo duvidoso, que resultou em acontecimentos tão desagradáveis.

Uma interpretação diferente de viajar por meio da mídia social é quando publicamos não só a foto, mas também informações relativas ao local em que foi tirada. Em um estudo computacional,[7] com duração de um mês, Manikonda, Hu e Kambhampati reuniram 5.659.795 imagens de 369.828 usuários do Instagram. Os autores usaram o que é conhecido como uma interface de programação de aplicação (API) para acessar diretamente os dados do Instagram em um método cada vez mais popular de os pesquisadores investigarem o comportamento online.

Manikonda e seus colegas observam que, apesar do que podemos supor, as redes sociais do Instagram são bem diferentes dos serviços comparáveis. Certamente milhões de pessoas compartilhando fotografias online vão produzir uma estrutura social similar, não é? Certamente não, dizem Manikonda et al.; os dados mostram que elas são muito distintas. Por um lado, a maioria dos contatos do Instagram são vias de mão única. Diferentemente do Flickr, em que 68% dos contatos são retornados, no Instagram apenas 15% dos relacionamentos são recíprocos. Além disso, o Instagram é bem exclusivo. Seu coeficiente de agregação é mais alto que o do Twitter, o que significa que seus amigos no Instagram têm maior probabilidade de se conhecer entre si que seus amigos no Twitter. Assim, o Instagram não é apenas compartilhamento de fotos; ele tem uma estrutura social particular que você não encontra em nenhum outro lugar.

Além disso, o estudo de Manikonda et al. é muito informativo quando se trata da psicologia banal dos usuários do Instagram. Em primeiro lugar, o tempo médio entre as fotos postadas por um usuário é de 6,5 dias. Assim, os usuários do Instagram demoram cerca de uma semana para encontrar uma imagem que achem boa o suficiente para compartilhar. Além disso, parece que eles querem deixar que a imagem fale por si mesma, com apenas 41,3% das imagens atraindo comentários. E apesar de não haver um limite para o tamanho dos comentários, em média estes

---

7 Manikonda, L.; Hu, Y.; Kambhampati, S. (2014). *Analyzing user activities, demographics, social network structure and user-generated content on Instagram.* Disponível em: http://arxiv.org/abs/1410.8099.

têm apenas 32 caracteres. Será este um caso de "uma imagem vale mais que mil palavras" e, assim, não há necessidade de explicar mais?

Contudo, um fator que os usuários do Instagram parecem valorizar ao acrescentar suas fotos é sua localização. Nos dados examinados, 18,8% das fotos compartilhadas no Instagram contêm informações de local. Como Manikonda et al. relatam, isso é muito mais alto que no Twitter, em que apenas 0,6% das fotos incluem dados de localização. Além disso, eles também relatam que pelo menos 28,8% dos usuários do Instagram marcaram pelo menos uma de suas fotos com dados de localização, então isso é razoavelmente difundido.

Por fim, Manikonda e colegas reuniram esses dados para encontrar os dez lugares mais geolocalizados no Instagram no mundo. Surpreendentemente, enquanto muitas fotos são obviamente marcadas em áreas de alta densidade populacional, existe um outro fator em jogo. Como lugares como Bangkok e San Diego estão entre os dez mais marcados, além de Nova York e Londres, talvez estejamos realmente falando de férias.

Na verdade, provavelmente não era isso que Lombard e Ditton tinham em mente quando escreveram sobre presença há tantos anos. Mas talvez isso mostre que muitos usuários do Instagram, em algum nível, compreendem esse conceito. Eles querem levar seu público com eles, onde quer que se encontrem. Muitas vezes pensamos que compartilhar fotos de férias na mídia social é exibição, mas talvez a pessoa que está postando deseje que você estivesse lá com ela.

Mas você também poderia usar a mídia social para incluir seus contatos na sua vida inteira, não apenas em suas férias. Assim, chegamos à psicologia do vídeo ao vivo. Recentemente, aplicativos como Meerkat e Periscope tornaram-se cada vez mais populares, e um estudo pioneiro[8] desses serviços vale nossa atenção. Ao contrário de Manikonda e colegas, Tang, Venolia e Inkpen realizaram um estudo de ciências sociais mais tradicional, codificando manualmente o conteúdo de *streams* de vídeo ao vivo, e entrevistando de modo semiestruturado pessoas que os criavam

---

8   Tang, J. C.; Venolia, G.; Inkpen, K. M. (2016). Meerkat and Periscope. In *Proceedings of the 2016 CHI conference on human factors in computing systems* (pp. 4770-4780). New York: ACM Press. https://doi.org/10.1145/2858036.2858374.

frequentemente. Isso resultou na análise de 535 *streams* do Periscope e de 232 do Meerkat, e em entrevistas com 20 pessoas de todo o mundo.

Os autores descobriram que uma gama muito ampla de atividades era transmitida: tudo desde artesanato e atividades a festas e reuniões sociais, a exibição de cenários, a novos eventos ao vivo, a jogos e até simplesmente conversas (que pareciam ser bastante populares, de modo geral).

Tang e seus colegas sugerem que a diversidade de conteúdo reflete a diversidade dos usuários, muitos dos quais disseram usar *streaming* ao vivo para construir sua "marca pessoal". Os participantes geralmente diziam que criar vídeos ao vivo fornecia uma visão autêntica e não editada de sua vida.

Voltando à "fixidez" característica dos perfis de mídia social discutida no Capítulo 2, Tang e seus colegas observaram que esse aspecto não editado contrasta, por assim dizer, com o controle dos perfis do Facebook. Embora os criadores pudessem dirigir alguns elementos de seus vídeos, a imprevisibilidade do *stream* ao vivo os obrigava a reações autênticas, o que parece ser, mais uma vez, crucial para entender a psicologia da mídia social.

Tanto o Meerkat quanto o Periscope só permitiam que os usuários criassem contas usando uma conta do Twitter. Embora isso possa ser visto como uma restrição, para muitos criadores de *stream* ao vivo essa integração permitia que interagissem mais profundamente com o público que já tinham no Twitter. Além disso, muitos afirmaram que abrir visualmente sua vida para um público era algo de que gostavam, e que interagir com os espectadores ajudava a moldar o conteúdo de seus *streams*. Por exemplo, os participantes mencionaram as reações do público a seus vídeos em termos de informações para seu trabalho, como habilidades em lidar com pessoas ou ideias para um programa de rádio ou um livro. Naturalmente, isso traz à mente o conceito do capital social de ponte, também encontrado no Capítulo 2.

Adicionalmente, Tang et al. notaram como vários *streams* ao vivo muitas vezes ocorrem no mesmo evento, como shows musicais ou estádios esportivos. Um participante indicou como o *stream* ao vivo beneficia seus contatos: "Muitas pessoas não puderam estar lá e, assim, essa é a maneira delas de realmente estar ao vivo e participar de um evento".[9] Mais

---

9 Tang et al. (2016), p. 4777.

uma vez, ao compartilhar vídeos ao vivo por meio de mídia social, parece que as pessoas estão tentando criar um efeito de presença: tentando transportar seus contatos para onde eles estão.

Finalmente, um alerta antes de continuarmos. Como Tang e seus colegas mencionam, o estudo deles não só aconteceu no início desses dois aplicativos, mas quando foi publicado, um deles já não existia. Meerkat e Periscope eram concorrentes no início de 2015, até que um golpe mortal veio de um serviço de mídia social muito maior. O Twitter não só comprou o Periscope, mas encerrou a integração do Meerkat com sua plataforma. Consequentemente, o aprofundamento da autenticidade que os usuários do Meerkat estavam construindo com seus públicos no Twitter terminou abruptamente. Não é de surpreender que o Meerkat tenha deixado de existir em outubro do ano seguinte,[10] enquanto o Periscope ainda é forte.

Esse resultado sublinha como a construção da própria identidade na mídia social pode ser precária. Além disso, embora o impacto brutal da dinâmica do mercado mais amplo talvez não seja surpreendente, forças similares podem ser vistas em uma escala muito menor.

RITMO E FURTIVIDADE

Em um estudo de 2010 baseado em entrevistas,[11] Ori examinou o agora descontinuado serviço de mídia social israelense Shox. Ele começou com uma observação curiosa: um garoto de 16 anos estava constantemente tirando fotos, em casa, na escola e em todos os outros lugares. Mas ele só tinha um assunto para essas fotos: ele mesmo. Autorretratos, observa Schwarz, não são de modo algum um fenômeno artístico novo, mas essa

---

10 Mlot, S. (3 out. 2016). Streaming app Meerkat is officially dead. *PC Mag*. Disponível em: www.pcmag.com/news/348393/streaming-app-meerkat-is-officially-dead.

11 Schwarz, O. (2010). On friendship, boobs and the logic of the catalogue: Online self-portraits as a means for the exchange of capital. *Convergence: The International Journal of Research into New Media Technologies*, 16(2), 163-183. https://doi.org/10.1177/1354856509357582.

magnitude era incomum. Ele criou a hipótese de que devia haver um motivo diferente e começou uma investigação cuidadosa do contexto social desse comportamento.

Os usuários do Shox eram principalmente adolescentes, com alguns jovens com 20 e poucos anos, e os entrevistados por Schwarz refletiam essa demografia. Ele destaca que apenas um segmento específico da cultura jovem usava esse serviço, que não parece ter agradado a todos, por motivos que logo vamos abordar.

Schwarz observa que, embora o Shox tivesse recursos de mídia social comuns, seus usuários estavam interessados principalmente em um deles. A atividade nesse site era intensamente dominada pelos usuários publicando aquilo que atualmente chamamos de *selfies*: autorretratos, sem contexto e sozinhos.

Relembrando o "trabalho de perfil" do Capítulo 2, Schwarz comenta quanta energia foi dedicada a essa atividade. Muito esforço foi dedicado a posar estrategicamente para autorretratos e também a editá-los e aprimorá-los. Crucialmente, Schwarz observa que essas fotos precisam ocupar um meio feliz: o assunto precisa ser atraente, mas não abertamente sexual; vários participantes afirmaram que eram populares simplesmente porque eram bonitos. Mais uma vez, existem elementos de presença, como mencionado anteriormente – uma foto de uma pessoa atraente pode seduzir você, por assim dizer. Mas não é exatamente a mesma coisa, pois as fotos são postadas publicamente – não há privacidade nem intimidade aqui.

Lembre-se do Capítulo 3, em que falamos sobre como os usuários do Facebook e do Snapchat mantinham o capital social no modo como interagiam com seus contatos. Aqui Schwarz observa como os autorretratos do Shox tinham muitas funções sociais. Eles começavam conversas, mantinham relacionamentos sociais, verificavam identidades e, crucialmente, indicavam o valor social de uma pessoa. Como tal, ele se refere a eles como uma forma de "capital social corpóreo". Depois de feito o upload, as fotos eram comentadas em um sistema complexo de interação social com base em uma ideologia implícita de celebridade e popularidade. Resumidamente, o Shox não era um site em que as solicitações de amizade costumavam ser rejeitadas. Um usuário respondia cerca de 150 comentários todos os dias, o que, quando acrescentado ao trabalho com suas próprias fotos, significava gastar de 5 a 6 horas por dia no Shox (embora executando multitarefas). Mas qual era o objetivo de todo esse trabalho? Como Schwarz explica, o motivo para desenvolver todo esse capital social corpóreo online era ser capaz de gastá-lo offline. Os usuários "bem-sucedidos" do Shox aproveitavam sua fama da mídia social em situações de "vida real", como baladas, de modo a transformar estranhos em "amigos verdadeiros" ou parceiros românticos. Contudo, como ele era construído sobre um ideal específico de aparência física, nem todos se sentiam à vontade neste jogo. Francamente, poucas pessoas eram bonitas o suficiente. Além disso, Schwarz descobriu que mesmo os usuários muito populares muitas vezes se cansavam de "criar sua marca" repetidamente. Na conclusão, ele afirma que aqueles que ficavam tinham outras opções para desenvolver o capital social limitadas. Por que outro motivo alguém teria todo esse trabalho? E, mesmo que o Shox já não exista, é provável que, nos outros serviços de mídia social que atuam hoje, haja muitas pessoas nesse jogo de *selfies* e capital social.

Provavelmente, é mais fácil adaptar mídias que outra pessoa criou e repassar isso como uma expressão de sua própria psicologia. Você talvez não seja capaz de copiar as *selfies* de outra pessoa, mas existem muitos outros conteúdos que você pode repassar. Por exemplo, ondas de danças se espalharam em culturas por séculos, e agora se difundem também na mídia social. Como o desafio do balde de gelo do Capítulo 3, os vídeos do "Harlem Shake" do YouTube decolaram em uma explosão bizarra.

Isso aconteceu em fevereiro de 2013 e, em um estudo cuidadoso, Soha e McDowell[12] nos conduzem por sua evolução complexa. Em primeiro lugar, eles explicam a "barganha básica" do YouTube, que também se aplica a muitos outros sites de mídia social. Além de serem gratuitos e fáceis de usar, os usuários podem basicamente fazer upload das fotos ou dos vídeos que quiserem nesses serviços e usá-los para transmitir o que

---

12 Soha, M.; McDowell, Z. J. (2016). Monetizing a meme: YouTube, Content ID, and the Harlem Shake. *Social Media + Society*, 2(1), 1-12. https://doi.org/10.1177/2056305115623801.

fazem. Assim, embora a mídia social tenha atraído algum conteúdo profissional, a maior parte dele tem sido amador. Em troca da possibilidade de divulgar suas criações, as empresas de mídia social coletam todos os dados pessoais – interesses, contatos, comunicações – criados pelos usuários individuais e os vendem a anunciantes.

O fato de isso parecer um relacionamento de exploração aparentemente não afastou os criadores amadores. Porém, como Soha e McDowell explicam, esse acordo não durou, e a história dos vídeos do "Harlem Shake" mostram o porquê.

Em maio de 2012, um produtor de música eletrônica chamado Baauer lançou uma faixa chamada "Harlem Shake". Ela teve um sucesso razoável e foi até apresentada no programa "Essential Mix" da BBC Radio 1. Mas ela realmente decolou vários meses depois. No final de janeiro de 2013, um youtuber chamado "Filthy Frank", que tinha ouvido a música com alguns amigos, decidiu fazer um vídeo deles dançando. Repleto de macacões de elastano, reboladas e um capacete de motociclista, o vídeo bobo de dança incorporou um *sample* (pequeno clipe) de 19 segundos da faixa "Harlem Shake" de Baauer.

Sinceramente, não tenho ideia do motivo de alguém querer copiar um vídeo tão estranho. Mas foi exatamente isso que aconteceu – quase imediatamente e, logo, em grande número. Como no desafio do balde de gelo, os elementos essenciais de um vídeo do "Harlem Shake" são muito simples: com a faixa tocando ao fundo, uma pessoa mascarada dança sozinha e, depois, quando começa a letra do "Harlem Shake", muitas outras pessoas começam a dançar também. É o *sample* que é crucial para entender a psicologia do compartilhamento de vídeos na mídia social.

A faixa foi nomeada a partir de uma dança real chamada "Harlem Shake", que era popular na década de 1990 e que, é claro, como um fenômeno cultural compartilhado, não era de propriedade de ninguém. Além disso, a própria faixa se baseava bastante em partes de outras peças musicais. Na verdade, o *sample* crucial que inicia os vídeos do YouTube contém duas amostras: uma de uma música de reggae de Porto Rico de 2006 e outra de um grupo de rap norte-americano de 2001. Como tantas pessoas estiveram envolvidas em momentos diferentes na criação do fenômeno do "Harlem Shake", é difícil ver quem realmente lucrou com ele.

Coletivamente, segundo Soha e McDowell, os vídeos do "Harlem Shake" conseguiram mais de um *bilhão* de visualizações no YouTube. Durante todo esse frenesi, que parece ter desaparecido tão depressa como surgiu, os autores observam que o criador da faixa, Baauer, permaneceu em silêncio. Mas isso não significa que ele e sua gravadora, Mad Decent, não estivessem ocupados.

Como Soha e McDowell explicam, a "barganha básica" com que o YouTube começou mudou furtivamente para uma "nova barganha". Por causa da abertura surpreendente da plataforma ao conteúdo carregado pelos usuários, logo depois de se tornar popular, ela ficou sob uma enorme pressão legal para impedir infrações de *copyright*.

A solução do YouTube para isso é conhecida como ID de conteúdo. Isso verifica cada vídeo carregado em relação a bancos de dados de conteúdo com *copyright* fornecidos pelo setor de entretenimento. Quando um conteúdo carregado corresponde a uma entrada em qualquer um desses bancos de dados, ele automaticamente aplica a preferência de *copyright* do proprietário entre bloqueá-lo, rastrear seu progresso ou monetizá-lo (isto é, receber de 40% a 50% da receita dos anúncios colocados no vídeo).

Assim, como todos os vídeos do "Harlem Shake" incluíam um *sample* da faixa de Baauer, o ID de conteúdo era acionado a cada vez. Vendo que sua faixa era popular com os criadores amadores, em vez de insistir que fossem removidos (como é seu direito legal), a Mad Decent simplesmente deixou que continuassem e coletou sua parcela da renda dos anúncios. Soha e McDowell estimaram que os vídeos do "Harlem Shake" possam ter rendido à Mad Decent algo entre 1,5 e 4,5 milhões de dólares.

Eles argumentam que isso não parece justo. Especialmente porque 1) a própria faixa contém amostras de outros trabalhos; e 2) a maior parte do trabalho que tornou a faixa um sucesso foi feito por uma legião de criadores de vídeos do YouTube como Filthy Frank. Efetivamente, o ID de conteúdo permitiu que Baauer e a Mad Decent coletassem o valor econômico do trabalho de cada um dos vídeos amadores do "Harlem Shake". Mas, mais uma vez, como no iceberg do Facebook, os mecanismos pelos quais os vídeos do YouTube são monetizados desse modo não são vistos pela maioria dos usuários. Será que alguém lucrou com alguma mídia remixada que você carregou em um serviço de mídia social? Como você saberia se isso tivesse acontecido? Tenha em mente que o Facebook tem um equivalente ao ID de conteúdo do YouTube chamado de gerenciador de relacionamento,[13] que também permite que os proprietários de *copyright* gerem renda quando os usuários adaptam o conteúdo deles.

No próximo capítulo, vamos examinar um recurso da mídia social que também fica oculto da visão pública, mas que todos nós utilizamos: mensagens particulares.

RESUMO

Começamos este capítulo com o "Snappening", em que a horrível realidade de ter as imagens pessoais compartilhadas na internet foi estudada. Para entender isso melhor, recuperamos o conceito de presença da comunicação mediada pelo computador. Os engenheiros de interfaces eletrônicas como os serviços de mídia social trabalham duro para garantir que, quando os usamos, não reparemos que estamos online: as experiências mediadas não devem dar a sensação de serem mediadas. Como tal, mencionamos como ver fotos e vídeos na mídia social estimula um senso de viagem. Também vimos como isso ajuda a entender o "Snappening": talvez aqueles que usaram o conceito do SnapSaved quisessem ficar um pouco mais no espaço criado pelos snaps.

Então, examinamos o Instagram, destacando sua estrutura única de rede e seu baixo nível de comentários de texto. Mas o mais surpreendente é quantas fotos são marcadas com dados de local, muitos das quais são locais de férias: talvez os usuários do Instagram "desejem que você estivesse lá".

Esse tema se intensificou conforme passamos a examinar a nova geração de compartilhamento de mídia: vídeos em *streaming* ao vivo. Por meio do Meerkat e do Periscope, muitos usuários de mídia social gostam de dar aos outros informações diretas sobre sua vida pessoal. Porém,

---

13 Wagner, K. (27 abr. 2017). Facebook will let video creators make money when people pirate their videos. *Recode*. Disponível em: www.recode. net/2017/4/27/15459204/facebook-video-rights-revenue-pirate.

também vimos a fragilidade de desenvolver uma marca pessoal autêntica e reunir capital social desse modo, uma vez que o Meerkat deixou de existir depois que o Twitter comprou o Periscope.

Demandas do mercado também foram vistas durante uma investigação do Shox. Ao explorar como seus usuários incansavelmente tiravam, editavam e faziam upload de fotos de si mesmos, além de curtir e elogiar uns aos outros, vimos como esses autorretratos funcionavam como um tipo de "capital social corpóreo". Os usuários atraentes do site, talvez com poucas outras opções para desenvolver capital social, usavam muitas *selfies* e comentários para desfrutar novas amizades. Não é de surpreender que esse processo tão trabalhoso afastasse muitos usuários do site.

Também examinamos criações coletivas como os vídeos do "Harlem Shake". Aqui vimos que a "nova barganha" do YouTube permite que os criadores amadores usem material com *copyright* em suas próprias produções. Porém, apesar de fazerem pouco do trabalho para torná-los populares, são os proprietários do *copyright* que lucram em última instância, provavelmente sem o conhecimento dos criadores amadores. Então, mais uma vez, existem consequências imprevistas de se compartilhar publicamente fotos ou vídeos na mídia social, um tema que nos leva para o próximo capítulo.

6

MENSAGENS

Embora grande parte da mídia social esteja ligada à visibilidade, um elemento essencial de todos os serviços é a capacidade de se comunicar com privacidade. Algumas vezes, queremos transmitir abertamente para todas as pessoas, mas às vezes queremos falar um a um, longe dos olhos do público. Consequentemente, este capítulo – por tratar mais de *backchannels*, discrição e intimidade – contrasta com os capítulos anteriores. Aqui vamos nos concentrar nesses recursos mais sutis, geralmente chamados de mensagem particular ou mensagem direta. Porém, existem poucas pesquisas que tenham se concentrado apenas nas mensagens de mídia social, o que talvez não seja surpreendente considerando que elas são particulares *per se*. Assim, este capítulo terá mais interpretação que os capítulos anteriores.

O ponto crucial é entender como o recurso de mensagens da mídia social funciona psicologicamente. Algumas vezes, ele pode enriquecer notavelmente nossas capacidades de nos comunicar com os outros, mas às vezes ele pode dar totalmente errado.

ESTUDO DE CASO: WEINERGATE[1]

Vamos começar com uma notícia de 2011. Anthony Weiner era uma estrela em ascensão no Partido Democrático norte-americano, cumprindo seu mandato como deputado por Nova York. Em um casamento feliz com uma esposa jovem e conhecido por trabalhar duro, mesmo sendo um político áspero, o deputado Weiner queria ser prefeito de Nova York algum dia.[2] No entanto, em junho daquele ano, ele renunciou ao mandato e desde então não venceu nenhuma eleição. O que aconteceu?

Por volta das 21h de 27 de maio, uma sexta-feira, uma estudante de 21 anos chamada Gennette Cordova fez login em sua conta do Twitter. Ela ficou surpresa ao ver que tinha mais "Menções" que o usual.[3] Ela viu que tinha sido marcada em uma postagem de um usuário do Twitter com quem tinha trocado algumas mensagens diretas antes, o @repweiner. Nas entrevistas que se seguiram, ela disse que tinha trocado mensagens diretas com Weiner anteriormente, pois era fã dele, e depois ele tinha recompensado o apoio dela no Twitter com um "seguir de volta" e tinham trocado algumas mensagens particulares razoavelmente cordiais.[4]

Assim, uma mensagem pública de Weiner podia não ser tão incomum. Porém, a postagem também continha um link para um site de compartilhamento de fotos. Vale a pena notar aqui que, nessa época, o Twitter não tinha o recurso de compartilhamento de fotos. No entanto, muitos aplicativos de terceiros ligados ao Twitter permitiam esse recurso e, neste caso, o tweet continha um link para outro site, que já não existe

---

1 Referência ao caso Watergate, escândalo político ocorrido em 1972 nos Estados Unidos [N.T.].
2 Jacobson, M. (3 maio 2009). Anthony and the giant. *New York Magazine*. Disponível em: http://nymag.com/news/politics/56440/.
3 Cordova, G. N. (2 jun. 2011). My statement on Anthony Weiner and the lewd photo tweet. *The Guardian*. Disponível em: www.theguardian.com/commentisfree/cifamerica/2011/jun/02/twitter-photo-anthony-weiner.
4 Parker, A.; Barbaro, M. (8 jun. 2011). In reckless fashion, rapid online pursuits of political admirers. *The New York Times*. Disponível em: www.nytimes.com/2011/06/09/nyregion/weiners-pattern-turning-political-admirers-into-online-pursuits.html.

mais, chamado yfrog. A ironia é que, apesar da reputação do Twitter de ser um meio rápido de comunicação, Gennette nunca chegou a ver a foto original, pois Weiner já a tinha excluído antes de ela fazer login. Tudo o que ela viu foram cópias e capturas de telas. Mas o que ela viu era perturbador: um *close* da virilha de um homem, felizmente usando cuecas.

Podemos supor que Weiner pretendia enviar isso em particular porque o escândalo resultante acabou com a carreira dele. Muitos de seus adversários seguiam atentamente sua conta do Twitter, e logo a foto estava sendo analisada em noticiários críticos.[5] As explicações públicas de Weiner claramente não se sustentaram. Do mesmo modo que no incidente de "Snappening", o yfrog emitiu uma declaração afirmando que seu serviço não tinha sido hackeado.[6]

Para piorar mais a situação, apenas alguns dias depois desse escândalo, o Twitter lançou um recurso de compartilhamento de fotos.[7] Será que a carreira de Weiner teria durado mais se suas mensagens particulares exigissem que ele usasse um *add-on* meticuloso como o yfrog?

Contudo, nem vale a pena considerar essa possibilidade. Logo veio a público que Weiner tinha enviado mensagens similares a outras seis mulheres, pelo menos uma das quais era menor de idade. Então, embora esse caso desperte certa excitação, ele também é incrivelmente sério. Na época em que este livro estava sendo escrito, Weiner estava preso depois de ter se confessado culpado da acusação de enviar material obsceno para uma menor de idade.[8]

---

5   Salvatore, P. J. (28 maio 2011). Weinergate: Congressman claims "Facebook Hacked" as lewd photo hits Twitter. *Breitbart*. Disponível em: www.breitbart.com/big-journalism/2011/05/28/weinergate-congressman-claims-facebook-hacked-as-lewd-photo-hits-twitter-2/.
6   Ehrlich, B. (3 jun. 2011). Yfrog says it wasn't compromised in wake of Weiner photo. *Mashable*. Disponível em: https://mashable.com/2011/06/03/yfrog-email-upload/.
7   Dorsey, J. (1 jun. 2011). search+photos. *Twitter Blog*. Disponível em: https://blog.twitter.com/official/en_us/a/2011/searchphotos.html.
8   Casarez, J. (6 nov. 2017). Anthony Weiner reports to prison. *CNN*. Disponível em: https://edition.cnn.com/2017/11/06/us/weiner-reports-to-prison/index.html.

Esse é um caso clássico de muitas maneiras: infidelidade de políticos, uso desajeitado da mídia social, a afirmação de ter sido "hackeado", além das consequências da desinibição da comunicação online. Mas estamos interessados aqui na mensagem particular pretendida. Por que Weiner achou que seria apropriado enviar essa foto para uma estranha no Twitter? O que ele achou que poderia conseguir? Existem recursos das mensagens de mídia social que levam os usuários a acreditar que eles podem se comunicar mais efetivamente dessa maneira?

TESTAR OS LIMITES

Embora o "Weinergate" seja claramente outro exemplo da desinibição online que discutimos no Capítulo 4, ele também ilustra outra teoria ciberpsicológica. Joseph Walther tem trabalhado na teoria do "modelo hiperpessoal de comunicação" há muitos anos, mas aqui estamos nos concentrando em um artigo em especial,[9] no qual a teoria foi testada em um experimento engenhoso.

Em um estudo de 2007, Walther examinou esse modelo em relação a como as pessoas se apresentam a destinatários potenciais, desejáveis ou indesejáveis. Embora este estudo sobre autoapresentação não mencione mídia social, é fácil ver como seus achados podem ser aplicados a esse contexto. Walther explica como os usuários de comunicação mediada por computador exploram seus recursos a fim de atingir suas metas de comunicação. Existem quatro fatores amplos que podemos explorar ao enviar essas mensagens.

Em primeiro lugar, essas mensagens são editáveis e, dessa maneira, você pode mudar o que escreveu antes de pressionar "enviar". Você verifica a ortografia, exclui piadas que não funcionam, acrescenta algumas **palavras em negrito** se estiver bravo ou algumas *frases em itálico* quando

---

9 Walther, J. B. (2007). Selective self-presentation in computer-mediated communication: Hyperpersonal dimensions of technology, language, and cognition. *Computers in Human Behavior*, *23*(5), 2538-2557. https://doi.org/10.1016/j.chb.2006.05.002.

quer parecer profundo. Existem muitos outros recursos de mensagens que simplesmente não têm um equivalente na comunicação falada e cada um deles envia pistas diferentes a nossos destinatários.

Em segundo lugar, lembrando o fator de assincronicidade de Suler na desinibição online, também temos muito mais tempo nas mensagens que na comunicação frente a frente. Mesmo a conversa por mensagens instantâneas mais rápida permite mais tempo. Hesitar antes de responder a uma pergunta falada transmite muita coisa – não é por acaso que isso é chamado de "silêncio constrangedor". A notificação "Digitando..." em alguns aplicativos tenta imitar isso, mas será que realmente transmite a mesma sensação de urgência que o silêncio de uma pessoa bem na sua frente? Isso significa que, entre outras coisas, o constrangimento pode ser disfarçado nas mensagens de mídia social.

Nesse mesmo sentido, o terceiro fator é o isolamento físico. Nas mensagens de mídia social, não "vazamos" o que podem ser pistas vitais para a comunicação, como linguagem corporal, tom de voz e expressões faciais. Desse modo – teoricamente! –, você deveria ter mais controle sobre suas emoções do que se estivesse se comunicando frente a frente.

Devido a essa separação, o fator final é a realocação do recurso cognitivo. Isso significa que, por não estarmos olhando para a pessoa com quem falamos, podemos fazer outras coisas. Por exemplo, não temos de manter contato visual, acenar em concordância, dizer "uhum" de vez em quando nem dar a impressão geral de que estamos prestando atenção. Segundo o modelo hiperpessoal de Walther, isso deveria liberar processamento mental. Assim, como a pessoa com quem estamos nos comunicando por mensagem não pode nos ver, nós deveríamos conseguir ler e entender as mensagens mais rapidamente.

No estudo de Walther, 54 alunos de graduação norte-americanos foram recrutados para participar do que pensavam ser uma discussão online sobre o desenvolvimento do conteúdo do curso universitário. Disseram a eles que participariam de uma série de sessões de troca de mensagens com diversas pessoas: um colega, um professor ou um aluno do Ensino Médio. Na realidade, isso aconteceu apenas uma vez, pois esses destinatários na verdade não existiam, e os participantes eram informados assim que enviavam sua primeira mensagem.

Walther estava interessado em como os diferentes participantes usariam os fatores do modelo hiperpessoal mencionados para se apresentar nessas mensagens. Por exemplo, estudantes do gênero masculino e feminino seriam diferentes no tempo que demorariam para preparar uma mensagem para um professor sênior? Para responder a essas perguntas, Walther gravou os participantes enquanto eles estavam escrevendo as mensagens, observando coisas como a quantidade de tempo que levavam digitando e o número de vezes em que excluíam, inseriam ou substituíam caracteres. Os textos reais que produziam também foram analisados usando um programa de computador que contava as sílabas, as palavras e as sentenças nas mensagens. A partir disso, foram calculadas várias medidas que incluíam "linguagem personalizada", pelo número de pronomes pessoais usados, e "complexidade da linguagem", pela quantidade de sílabas por palavra e palavras por sentença.

De modo geral, Walther descobriu que esses participantes universitários enviaram mensagens com linguagem mais personalizada a alunos do Ensino Médio e sentenças mais complexas aos professores universitários. Foram observadas algumas interações interessantes quanto ao gênero, por exemplo, que os participantes do sexo masculino passavam mais tempo revisando quando escreviam a colegas do gênero oposto ou a alunos do Ensino Médio. Em contraste, as mulheres passavam mais tempo revisando quando enviavam uma mensagem a professoras ou a colegas do gênero masculino, mas menos tempo quando era para colegas universitárias do gênero feminino.

Consequentemente, é claro que pessoas diferentes usam as mensagens de maneiras diferentes, dependendo de como querem se apresentar diante da pessoa para quem estão escrevendo. Como Walther diz, isso parece depender essencialmente do nível de intimidade que estamos tentando alcançar. Existe uma riqueza de psicologia humana envolvida na quantidade de tempo e no esforço que dispendemos no modo como construímos nossas mensagens de mídia social.

Sem detalhar demais, talvez você agora possa começar a imaginar quanto tempo o deputado Weiner passou escrevendo suas infames mensagens diretas no Twitter. Mas, na verdade, podemos ir um pouco mais fundo, além da psicologia da superfície dessas mensagens.

Como mencionado no início do capítulo, são raras as pesquisas publicadas sobre mensagens particulares, pelo fato de elas serem, bem, particulares. Porém, em 2007, foi publicado um estudo[10] extraordinário que analisou incríveis 362 milhões de mensagens do Facebook. Esses dados anonimizados foram fornecidos por esse serviço aos autores Golder, Wilkinson e Huberman, isto é, nenhum *conteúdo* das mensagens foi analisado. Considerando como o contexto global jurídico e ético mudou nos anos que decorreram, suspeito que esse estudo nunca será repetido, embora os autores tenham produzido algumas análises fascinantes.

É importante notar que naquela época o Facebook tinha acabado de se tornar disponível fora das universidades norte-americanas, então é questionável se os resultados do estudo ainda podem ser generalizados ou não. Golder e seus colegas também observaram que o conjunto de dados tinha uma limitação crucial: ele não registrava quando os usuários do Facebook se conectavam uns com os outros. O conjunto de dados deles meramente registra se os usuários estavam conectados no final do período de coleta de dados. Assim, este estudo não pode nos dizer quais mensagens vieram antes ou depois da formação de uma amizade no Facebook.

Mesmo assim, o estudo de Golder e seus colegas é fascinante pelo que revela sobre a psicologia das mensagens de mídia social. Seu foco principal é o "ritmo da interação social" – padrões horários, diários, semanais e anuais de envios de mensagens entre amigos e não amigos de Facebook. Em relação a isso, uma observação que Golder e seus colegas fazem logo no início do artigo é curiosa.

Como os usuários antigos do Facebook podem lembrar, embora tenha sido alternadamente oculto e promovido no decorrer dos anos, o "Cutucar" já foi um recurso popular do site. "Cutucar" outro usuário do Facebook é, segundo Golder et al., enviar a ele uma mensagem "sem

---

10 Golder, S. A.; Wilkinson, D. M.; Huberman, B. A. (2007). Rhythms of social interaction: Messaging within a massive online network. In: *Communities and technologies 2007* (pp. 41-66). Londres: Springer. https://doi.org/10.1007/978-1-84628-905-7_3.

conteúdo": eles simplesmente recebem uma notificação que diz "fulano cutucou você" e têm liberdade para entendê-la da maneira que preferir. Então, seria compreensível pensar que as cutucadas, que podiam ser interpretadas como um flerte, uma brincadeira ou simplesmente uma tentativa de chamar atenção, fossem enviadas em momentos diferentes das mensagens particulares do Facebook, com conteúdo menos ambíguo e completamente digitado.

Na verdade, os dados mostraram que cutucadas e mensagens particulares seguiam padrões temporais similares. Não havia um momento do dia, semana, mês ou ano em que mais cutucadas fossem enviadas que mensagens, ou vice-versa. Considerando que a cutucada é essencialmente uma mensagem vazia, seria possível que não importasse tanto *o que* você dissesse, mas o fato de que você *dissesse alguma coisa*?

Isso lembra o modelo hiperpessoal mencionado anteriormente. Embora uma cutucada seja vazia de conteúdo, ela partilha uma pista crucial com uma mensagem privada: tem um carimbo de data/hora. O usuário do Facebook que você cutucou não saberá *por que* você o cutucou, mas saberá *quando* você o cutucou. E, como os estudantes de Walther enviando mensagens a professores ou alunos do Ensino Médio, você não pensaria mais ou menos cuidadosamente sobre esse carimbo de data/hora, dependendo do quanto estimasse a pessoa que está pensando em cutucar?

Além disso, esse artigo também confirmou as teorias esboçadas no Capítulo 2. Dentre os 4,2 milhões de usuários do Facebook no conjunto de dados, o número médio de amigos de cada um era 180,[11] que é próximo do "número de Dunbar". Mais que isso, dentre os 378 milhões de contatos de amigos, apenas 15,1% trocavam mensagens. Os usuários do Facebook têm muitos contatos, mas não parecem enviar mensagens particulares a muitos deles. Mais uma vez, isso apoia a ideia de que, embora a mídia social o ajude a construir uma enorme rede pessoal, ela não torna mais fácil manter essas amizades. Existe um limite no número de mensagens que você pode enviar!

---

11 Note que a média é de 180, porém com uma mediana de 144 – uma disparidade devida a um pequeno número de usuários que têm um número muito grande de amigos.

Voltando ao nosso assunto principal, vamos examinar quando as mensagens foram enviadas. Golder e seus colegas relatam que, de segunda a quinta-feira, a atividade de mensagens aumentava durante a manhã e a tarde, caía na hora do jantar e, depois, aumentava de novo até a meia-noite. As sextas-feiras eram como os outros dias da semana até a tarde, quando a atividade de mensagens diminuía completamente, e aos sábados as mensagens começavam devagar e permaneciam assim o dia todo. Aos domingos, as mensagens começavam mais tarde também, mas à noite aumentavam, chegando quase até o nível dos dias da semana. Na maioria dos casos, não havia muitas mensagens trocadas no "meio da madrugada", entre 3h e 8h, em nenhum dia.

Golder et al. interpretam que esses padrões demonstram que o uso do Facebook é menos uma atividade de lazer e mais parte de um contexto multitarefa. Isto é, as mensagens parecem ser enviadas pelos estudantes universitários durante as horas em que você esperaria que estivessem estudando em seu *laptop*. A falta de atividade durante o horário de lazer tradicional das sextas-feiras à noite e todo o dia de sábado apoia essa interpretação. Presumivelmente, o aumento de atividade nas tardes de sábado acontece quando os estudantes tentam descobrir quais trabalhos eles devem fazer até a segunda-feira de manhã!

Uma observação final de Golder et al. é intrigante. Quase todas as mensagens do Facebook seguiam o mesmo padrão temporal como já mencionado – por exemplo, as mensagens para amigos em outras universidades foram enviadas quase totalmente durante o dia.

Porém, quando as mensagens enviadas a não amigos na mesma escola eram isoladas, observou-se uma mudança significativa. Essas mensagens aumentavam dramaticamente nas horas após a meia-noite. Em outras palavras, os estudantes universitários tinham mais probabilidade de enviar mensagens tarde da noite para pessoas de quem não eram amigos. Deixando de lado por um momento a questão do que esse comportamento noturno diz a respeito da motivação dos envolvidos, volte sua atenção novamente para as limitações do conjunto de dados de Golder e seus colegas que já mencionamos.

Sob essa luz, parece que os remetentes de mensagens após a meia-noite não só não eram amigos de Facebook do destinatário, mas também não se tornaram amigos no final do período de dois anos em que os dados foram coletados. Assim, podemos concluir que enviar mensagens tarde da noite a alguém de quem você não é amigo no Facebook provavelmente não resultará em você se tornar amigo dessa pessoa.

No entanto, como o estudo de Golder e seus colegas simplesmente descreve a estatística comportamental bruta do envio das mensagens, temos de fazer algumas suposições sobre o conteúdo delas. Assim, agora vamos tentar nos aproximar do estado psicológico dos usuários ao escrevê-las.

Neste estudo, Sonja Utz[12] investigou uma pergunta ilusoriamente simples. Parece que grande parte do conteúdo do Facebook é divertido e alegre, então como é que as pessoas realmente o usam para manter relacionamentos pessoais, o que parece ser uma tarefa e tanto, exigindo um tom bem diferente? Como você se lembra do Capítulo 3, manter o capital social é um apelo central da mídia social. Mas isso pode ser afetado pelo que vimos no Capítulo 4, em que competimos por popularidade quando postamos atualizações nas linhas do tempo algorítmicas. Como manter nossas amizades sólidas enquanto tentamos permanecer visíveis no feed de notícias?

Como Utz explica, conforme as amizades se desenvolvem, as pessoas tendem a compartilhar cada vez mais informações pessoais umas com as outras: isso é chamado de autorrevelação. Consequentemente, como esse tipo de conteúdo raramente é visível nas atualizações de status, Utz teoriza que alguma outra coisa deve estar acontecendo.

Neste estudo, 151 estudantes universitários alemães preencheram uma pesquisa detalhada que começava com perguntas amplas sobre seu uso do Facebook. Da mesma forma que os estudos já mencionados, a seguir eles analisavam as suas contas de mídia social, especificamente as mensagens particulares mais recentes que tinham enviado e as atualizações de status que tinham postado, e também as atualizações dos Amigos.

---

12 Utz, S. (2015). The function of self-disclosure on social network sites: Not only intimate, but also positive and entertaining self-disclosures increase the feeling of connection. *Computers in Human Behavior, 45*, 1-10. https://doi.org/10.1016/j.chb.2014.11.076.

Utz estava interessada em como os participantes as avaliariam em relação a diversos fatores, entre eles conteúdo (positividade, intimidade), motivação (manutenção de relacionamento, entretenimento) e sensação de contato da mensagem. Ao examinar as respostas dos participantes, Utz descobriu algo complexo e revelador. Como seria de se esperar, quanto mais íntima era a comunicação, mais os participantes se sentiam conectados com o remetente, e esse efeito era mais forte nas mensagens particulares. Em outras palavras, nós nos sentimos mais conectados com as pessoas na mídia social quando compartilhamos mutuamente informações pessoais com elas em mensagens particulares.

Além disso, enquanto a manutenção de relacionamento foi a principal motivação geral para usar o Facebook, ela foi de longe o motivo mais importante para enviar mensagens particulares. Desse modo, Utz argumenta que, como os respondentes enviavam mais mensagens particulares do que postavam atualizações, existe um "lado oculto" considerável do uso do Facebook cuja psicologia permanece pouco compreendida. Talvez seja em nossas mensagens de mídia social que possamos verdadeiramente ser nós mesmos.

Em contraste, Utz também descobriu que, embora revelações íntimas em atualizações públicas pudessem aumentar os sentimentos de proximidade, isso só acontecia quando eram postadas por alguém de quem a pessoa já era próxima. Ou, em outras palavras, seguir o algoritmo do feed de notícias provavelmente não vai melhorar suas amizades. Mais uma vez, essa é uma questão de colapso de contexto: compartilhar com "todo o grupo" em vez de com a "pessoa certa" poderia dar errado. Talvez não estejamos usando a mídia social do jeito certo.

É claro que os usuários de mídia social tentam fazer isso. Postar coisas publicamente com a intenção de que sejam lidas apenas por uma pessoa é chamado de *subtweeting*. Em um desenho interessante de pesquisa, Edwards e Harris[13] examinaram como os remetentes dessas mensagens

---

13 Edwards, A.; Harris, C. J. (ago. 2016). To tweet or 'subtweet'? Impacts of social networking post directness and valence on interpersonal impressions. *Computers in Human Behavior*, *63*, 304-310. https://doi.org/10.1016/j.chb.2016.05.050.

indiretas são vistos. Que tipo de impressão damos de nós mesmos quando enviamos esse tipo de mensagem?

Como os autores explicam, isso pode depender de a mensagem ser positiva ou negativa, mas existe também uma questão de competência, isto é, se a mensagem é ou não uma afirmação efetiva. Assim, neste estudo, 349 estudantes universitários norte-americanos participaram de um experimento online, primeiro vendo versões alternativas de *subtweets* fictícios e, depois, respondendo perguntas sobre eles. Os participantes viram textos como "Obrigada a uma certa pessoa por me fazer ganhar o dia totalmente. Pessoas assim são maravilhosas" (indireta e positiva), mas também "Obrigada @RyanS pela facada nas costas que arruinou completamente o meu dia. Você é lamentável" (direta e negativa). Depois, eles responderam perguntas sobre suas impressões a respeito da pessoa que postou a atualização – por exemplo, se ela seria uma boa amiga – e se achavam que ela era apropriada (isto é, competência da mensagem).

Os resultados desse estudo geraram algumas conclusões interessantes. Os resultados de Edwards e Harris demonstraram que, em geral, em comparação com postagens diretas, os *subtweets* eram vistos como menos competentes, o que produzia impressões menos favoráveis da pessoa que os postou. Assim, será que os *subtweets* não são uma boa ideia? Bom, não é bem isso.

Por um lado, aqueles que postaram *subtweets* positivos não eram vistos de modo tão positivo como aqueles que simplesmente afirmaram explicitamente a mensagem positiva. Mas, por outro lado, os *subtweets* negativos eram vistos mais positivamente que os tweets diretamente negativos. Assim, você não parece tão desagradável quando diz coisas negativas indiretamente. Portanto, se tiver de dizer algo ruim, diga de uma maneira indireta, mas se tiver de dizer algo bom, seja direto.

Edwards e Harris consideraram que a preferência dos participantes pelos *subtweets* negativos aos tweets negativos diretos provavelmente deve-se aos públicos diversificados da mídia social. Mais uma vez, obviamente, isso é paralelo às dificuldades que vimos no Capítulo 3, quando falamos sobre o colapso do contexto em atualizações de mídia social: não podemos ver quem está lendo nossos *subtweets* e, assim, temos de imaginar nosso público. Talvez entendamos isso quando vemos um *subtweet* bravo: compreendemos que a pessoa está com raiva, mas entendemos que ela está tentando se conter e evitar um confronto agressivo.

GRUPOS PARTICULARES

É provável que essas dificuldades com mídia social sejam parte do motivo de os aplicativos de mensagens terem se tornado mais populares nos últimos anos. Serviços como o WhatsApp compartilham alguns recursos importantes com a mídia social. Por exemplo, ambos permitem o envio de mensagens particulares (naturalmente!), a capacidade de compartilhar fotos e vídeos e a criação de listas de contatos. Mas é aqui que termina a semelhança. Não existem páginas de perfil nas redes sociais de mensagens, e você também não pode postar uma atualização pública. Mas isso não significa que não possamos descobrir algo interessante a respeito da psicologia da mídia social examinando esses serviços.

Vamos considerar por que os usuários podem preferir um tipo ou outro de serviço. O mercado chinês para ambos os tipos de serviço é extremamente vibrante e, como tal, fornece um bom contexto para comparar os aspectos psicológicos deles. Numa série de entrevistas com estudantes universitários, Gan e Wang[14] investigaram o motivo de eles gostarem de usar a mídia social ou os serviços de mensagens.

Neste artigo, o serviço de mensagens em questão foi o WeChat, um aplicativo chinês extremamente popular. Em contraste, uma abordagem mais geral foi dada à mídia social, falando simplesmente sobre "microblogs" sem dar o nome de nenhum serviço real. No Ocidente, entenderíamos microblog como o efetivamente indisputado Twitter. Mas na China existem muitos microblogs que competem uns com os outros e tem sido assim por algum tempo.

Ao tentar entender por que os usuários poderiam preferir um ou outro desses tipos de serviços, Gan e Wang assumiram uma abordagem

---

14 Gan, C.; Wang, W. (2015). Uses and gratifications of social media: A comparison of microblog and WeChat. *Journal of Systems and Information Technology*, 17(4), 351-363. https://doi.org/10.1108/JSIT-06-2015-0052.

conhecida como "usos e gratificações". Isso os levou a propor três razões amplas pelas quais as pessoas prefeririam ou os serviços de mensagens ou a mídia social. Em primeiro lugar, existem razões de conteúdo, como busca e compartilhamento de informações; razões sociais, como interação e *networking*; e, finalmente, razões hedonistas, entre elas entretenimento e passar tempo. O objeto do estudo era isolar em que pontos os usuários da mídia social e dos serviços de mensagens diferiam nessas preferências amplas. Isto é, todos os participantes usavam os dois tipos de serviços e lhes foi perguntado como se beneficiavam ao usá-los.

Surpreendentemente, segundo os resultados de Gan e Wang, tanto o WeChat como os microblogs eram capazes de satisfazer amplamente às necessidades sociais, de informação e de entretenimento. O ponto crucial é precisamente como essas necessidades são supridas pelos respectivos serviços. Para o uso da mídia social, os participantes classificaram suas motivações como: em primeiro lugar, busca de informações, depois interação social, seguida por entretenimento, passar tempo, compartilhamento de informações e, por fim, rede social. Em contraste, os usuários de dos serviços de mensagens classificaram suas motivações assim: rede social particular, comunicação conveniente, acesso a informação de alta qualidade, compartilhamento de informação e entretenimento.

Consequentemente, embora as gratificações amplas sejam similares, as prioridades são bem diferentes. Como Gan e Wang dizem, a maior diferença que observaram foi que a gratificação social era o fator principal para o serviço de mensagens, mas a gratificação de conteúdo era mais importante no uso do serviço de mídia social. É importante notar que os participantes enfatizaram a rede social *privada* quando falaram sobre o WeChat, o que nos dá um *insight* sobre a principal atração dos serviços de mensagens.

Contudo, tendo dito isso, em algumas ocasiões parece que as pessoas procuram os aplicativos de mensagens para gratificação de conteúdo, isto é, encontrar e compartilhar notícias. Em um estudo intrigante,[15] Simon,

---

15 Simon, T.; Goldberg, A.; Leykin, D.; Adini, B. (2016). Kidnapping WhatsApp – rumors during the search and rescue operation of three kidnapped youth. *Computers in Human Behavior*, 64, 183-190. https://doi.org/10.1016/j.chb.2016.06.058.

Goldberg, Leykin e Adini nos dão um relato extraordinário de como as informações são disseminadas no WhatsApp durante uma situação de emergência. Escrito no contexto de um evento de terror em Israel, em que três adolescentes desapareceram e, depois, foram encontrados mortos, esse artigo usou um tipo inovador de trabalho de investigação para estudar os boatos sobre esse incidente.

Conforme explicam os autores, imediatamente após os garotos serem dados como desaparecidos, os serviços de segurança impuseram um silêncio sobre a investigação a respeito da localização deles. Crucialmente, isso só se aplicou a grandes organizações de mídia, que continuavam a ser informadas mesmo sem poder divulgar as informações que recebiam.

Nesse contexto, não é de surpreender que os boatos se espalhassem como um foco de incêndio por meio de canais alternativos. Simon e seus colegas relatam um método laborioso que usaram para tentar captar o máximo possível de boatos. Em primeiro lugar, eles fizeram uma postagem no Facebook em busca de informações de seus contatos sobre esses boatos. Então, eles rastrearam cada rumor desde o destinatário até o remetente para tentar encontrar a fonte de cada mensagem, seguindo-as até chegar a um ponto sem saída.

Além disso, os autores também realizaram uma pesquisa online para perguntar às pessoas como elas usavam a mídia social e os serviços de mensagens, e o quanto elas confiavam neles como fontes de informação. Previsivelmente, e concordando com o estudo de Gan e Wang, mais participantes percebiam o serviço de mídia social Facebook como mais crível que o aplicativo de mensagens WhatsApp. Além disso, o WhatsApp era visto como mais privado que o Facebook.

Dentre todo o material que receberam, Simon e seus colegas extraíram treze boatos, dentre os quais nove eram factualmente verdadeiros. Embora isso não pareça uma estatística ruim, das 419 pessoas que responderam à pesquisa online, 40% disseram que tinham recebido um dos rumores falsos: aquele que afirmava que as vítimas sequestradas tinham sido resgatadas. Você pode imaginar como foi perturbador para alguém intimamente ligado às vítimas descobrir depois que isso não era verdade.

Simon et al. concluíram que a disseminação de boatos sempre vai acontecer em qualquer situação de emergência, como um incidente terrorista, e provavelmente ainda mais quando um silêncio de mídia foi imposto. Porém, eles também observaram que vários boatos foram iniciados por autoridades respeitadas, como autoridades de segurança, jornalistas e socorristas. Esses indivíduos têm acesso a informações privilegiadas apesar da ordem de silêncio e talvez devessem ter pensado melhor antes de falar a respeito disso no WhatsApp. Mais uma vez, isso lembra o aspecto da desinibição online mencionada no Capítulo 4 e, em particular, a minimização do status e da autoridade. Não existe nada no WhatsApp (nem no Facebook) para lembrar você de que compartilhar determinada informação é ilegal. Consequentemente, os autores aconselham que esses profissionais desenvolvam políticas para lidar com a disseminação de boatos durante eventos de emergência. Porém, eles também reconhecem que esses eventos, em que as pessoas podem ter acesso a informações que acham que o público deve conhecer, apresentam dilemas morais significativos. Essas questões de valores e valorização serão o assunto do próximo capítulo.

RESUMO

Antes de continuarmos, vamos resumir o que já abordamos. Este capítulo começou com a desastrosa tentativa do deputado Weiner de enviar uma foto obscena por meio de mensagem direta no Twitter. Isso nos levou a considerar qual característica da mídia social leva as pessoas a acreditar que podem alcançar metas de comunicação por meio de mensagens particulares que não poderiam de outra maneira. Ao analisar um teste empírico do modelo hiperpessoal, vimos como as funcionalidades como: poder editar as mensagens, ter tempo para escrevê-las e estar fisicamente isolado do destinatário podem levar um usuário de mídia social a tentar se apresentar de modo diferente do que faria se estivesse frente a frente com seu interlocutor.

Porém, vimos que cutucadas eram enviadas ao mesmo tempo que as mensagens particulares do Facebook, sugerindo que os carimbos de data/hora são uma pista crucial para entender as mensagens na mídia social. E, embora a maioria das mensagens tenha sido enviada em momentos em que se esperaria que os estudantes estivessem estudando, o que sugere que a mídia social seja mais parte de um contexto de multitarefas que uma atividade de lazer, parecia que as mensagens enviadas tarde da noite tinham pouca probabilidade de resultar em amizade no Facebook.

Para nos aprofundarmos na psicologia dessas mensagens, examinamos um estudo que perguntou aos usuários do Facebook sobre a motivação deles e a interpretação de mensagens particulares e atualizações de status. Embora os feeds de notícias sejam positivos e animados, nas mensagens particulares, os usuários têm mais interesse em revelar mais informações pessoais uns aos outros. Na verdade, a manutenção do relacionamento não é apenas uma importante motivação para usar a mídia social, mas a motivação mais importante para o uso de mensagens.

Nós também examinamos casos mais destrutivos nos quais, em vez de enviar uma mensagem particular, nós fazemos um *subtweet* público. No todo, essas mensagens indiretas produzem impressões piores sobre quem as posta. Porém, postar uma mensagem negativa, mas indireta, foi visto mais favoravelmente que dizer a mesma coisa sinceramente, enquanto as mensagens positivas foram mais bem vistas quando eram diretas.

Essas complexidades dos públicos de mídia social nos levaram a contrastá-la com as redes sociais de mensagens. Vimos que, embora os serviços de mídia social e de mensagens pudessem, de modo geral, satisfazer às necessidades de conteúdo, sociais e de prazer dos usuários, houve diferenças notáveis entre esses fatores amplos. Essencialmente, embora os serviços de mensagens propiciassem satisfação social, a mídia social fornecia satisfação de conteúdo.

A partir disso, examinamos como a busca de informações nas redes sociais de mensagens pode ser problemática, particularmente no contexto de disseminação de boatos durante situações de emergência. Um problema central aqui parece ser, mais uma vez, a minimização do status e da autoridade. É difícil estar consciente das restrições morais e legais em relação ao compartilhamento de informações enquanto se envia mensagens nesses ambientes.

7

VALORES

Em nosso capítulo final, vamos discutir uma característica da mídia social que não é tão aparente como as que abordamos até agora. Para sermos claros, existem dois significados para a palavra "valores" e, neste capítulo, eu uso ambos. Quando dizemos "valores", podemos nos referir a números, como o número total de seguidores que você tem no Twitter ou o seu *streak* em dias no Snapchat ou o carimbo de data/hora na mensagem particular que você recebeu no Facebook. Mas os valores também podem significar moral ou princípios. Estranhamente, para a mídia social, o último significado provavelmente envolve o primeiro.

Porque não é meramente que os usuários vejam números ligados a cada peça de conteúdo da mídia social, mas que os operadores dos serviços também o façam. E é a partir desses números que decisões importantes são feitas sobre como os serviços são controlados.

Na "Introdução" deste livro, eu dei uma definição psicológica de mídia social: serviços online que incentivam seus usuários a digitizar e a compartilhar publicamente informações pessoais que anteriormente eram particulares. Até agora, talvez com exceção do Capítulo 6, temos nos concentrado no "compartilhar publicamente", mas agora precisamos examinar o aspecto de "digitizar": como a psicologia é reduzida a números. No entanto, antes de considerarmos o estudo de caso deste capítulo, vamos rever os capítulos precedentes e relembrar suas principais conclusões.

TL; DR[1]

No Capítulo 1, apresentamos a forma geral do livro e seus objetos de interesse. Tanto a psicologia como a mídia social são assuntos sobre os quais quase todo mundo tem uma opinião, porque tantos de nós estão intimamente envolvidos com ambos. Além disso, destaquei as limitações da literatura científica: existe uma falta clara de ciência sólida, aberta e transparente aqui.

No segundo capítulo, examinamos os perfis de mídia social e o modo como nos expressamos neles. O *hoax* de Amina Arraf sugeriu que, embora seja possível ser completamente *fake* na mídia social, essa não é uma ilusão que possa ser sustentada por muito tempo. Essencialmente, a estrutura dos perfis de mídia social afeta a expressão de nossas identidades em um grau significativo. Assim, para muitos de nós, é mais fácil "mostrar do que contar" quem somos, em vez de afirmar explicitamente nossa identidade. Isso é porque o "trabalho de perfil" pode ser exigente e pode parecer inautêntico se envolver esforço em demasia. Mas colocar qualquer informação pessoal em um perfil de mídia social parece ser inconsistente com a ampla preocupação sobre como essa informação pessoal está sendo usada: neste capítulo, o paradoxo da privacidade foi apresentado.

Sob essa luz, o uso de perfis descartáveis de mídia social não parece tão estranho. Do mesmo modo, nossa capacidade de manter um senso de identidade e comunidade em ambientes anônimos de mídia social, sem

---

1 O que quer dizer "too long, didn't read" (longo demais, nem li). De "tl; dr" (2018). *Collins English dictionary*. Disponível em: www.collinsdictionary.com/dictionary/english/tl-dr.

nenhum perfil, sugere um certo grau de resiliência psicológica. O perfil de mídia social é um ambiente de testes útil para construir identidades autênticas, mas não pode contê-las completamente. É como um tipo de camisa de força em que ficamos confortáveis no início, mas podemos achar difícil tirá-la depois.

No terceiro capítulo, nos concentramos nos contatos e na complexidade do valor deles para nós. Embora o poder cultural da mídia social possa ser visto nos resultados positivos do desafio do balde de gelo, os contatos cotidianos são menos extraordinários, mas talvez mais interessantes psicologicamente.

Alguns serviços, como o Facebook, são bons para criar e manter contatos mais distantes, como conhecidos, mas outros, como o Snapchat, são melhores para contatos mais próximos, como melhores amigos. Além disso, embora a mídia social nos permita atingir um grande número de pessoas, o "número de Dunbar" sugere que neurologicamente não há motivo para nos conectarmos com mais de 150 pessoas, pois não fazemos mais amigos próximos quanto mais contatos acrescentamos. De fato, o número de pessoas das quais recebemos suporte emocional e empatia parece ser uma pequena fração do nosso número total de contatos.

Além disso, o fato de que podemos querer nos apresentar de maneira diferente a grupos diferentes dentro dos nossos contatos raramente é reconhecido pelos serviços de mídia social. Não podemos ver quem presta atenção em nós em determinado momento, portanto, temos de imaginar quem é o nosso público e, consequentemente, buscar o menor denominador comum nos nossos contatos.

Desse modo, o colapso de contexto é um tema que permeia toda a psicologia de contatos de mídia social. Além disso, é difícil conhecer as relações mútuas entre os nossos contatos, como vimos com os efeitos de rede social do cyberbullying. Ainda, tentar ter uma ideia de quem são de fato os nossos contatos poderia nos levar a evitar postagens de atualizações que provocassem neles o "medo de ficar de fora", especialmente naqueles a quem falta independência e autonomia.

Depois disso, no quarto capítulo, discutimos diretamente a psicologia das atualizações. Isso começou com o julgamento da piada no Twitter, um caso clássico de desinibição online, na qual os usuários de mídia social dizem coisas online que não diriam no "mundo real". Vimos evidências da imaginação dissociativa e da introjeção solipsista, como Paul Chambers imaginando sua namorada lendo seu tweet inteligente. Contudo, ao nos aproximarmos do final deste livro, outros elementos da teorização de Suler parecem mais relevantes, ou seja, o senso de invisibilidade e a autoridade minimizada.

Nesse capítulo, também exploramos o protesto contra o feed de notícias do Facebook, e o que isso nos diz sobre o paradoxo de privacidade. Os usuários de mídia social ficaram frustrados com sua falta de controle sobre suas atualizações, em particular quando elas repentinamente ficaram mais visíveis. Isso nos levou a uma discussão sobre o iceberg do Facebook, conforme começamos a entender que as nossas configurações de privacidade só controlam os aspectos menos valiosos dos nossos dados. Não parecemos considerar o que acontece embaixo da linha d'água da mídia social, possivelmente porque os algoritmos mantêm a nossa atenção focalizada nas linhas do tempo, nos ameaçando com a invisibilidade se não continuarmos a postar atualizações.

No entanto, a mídia social tem uma qualidade distintamente permanente, pois, após as atualizações saírem do topo de nossos feeds, elas ainda podem ser pesquisadas. Assim, é estranho que não desejemos que todas as nossas atualizações desapareçam de vista depois de algum tempo. Não somos bons em prever o nível de privacidade que desejaremos no futuro próximo. Mas, ao mesmo tempo, é bastante claro que ter toda uma vida de atualizações visíveis no "aqui e agora" pode ser uma experiência desagradável. Como mantemos visibilidade suficiente para sermos sociáveis, mas também privacidade suficiente para crescer com autenticidade?

Esse tema continuou no Capítulo 5, no qual falei sobre a psicologia da mídia e o significado dos tipos de imagens e vídeos que compartilhamos online. Começando com o incidente do "Snappening", vimos como a magia do Snapchat foi quebrada de maneira bastante perturbadora. Vimos como essa ilusão, em que uma experiência mediada não dá a sensação de ser mediada, é mais bem explicada pelo conceito de presença. Isso também nos ajuda a entender o compartilhamento de mídia online como um tipo de viagem psicológica, nos ajudando a aproximar nossos contatos de mídia social por meio das fotografias e dos vídeos que compartilhamos online. Nessa perspectiva, não só podemos ver por que os usuários do SnapSaved tentaram ficar um pouco mais em um espaço proibido, mas também por que os usuários do Instagram compartilham dados de localização para tentar fazer com que seus contatos saiam de férias com eles. Além disso, com relação à próxima geração de compartilhamento de mídia, vimos como os que fazem transmissões ao vivo gostam de intensificar sua marca pessoal com seus públicos, dando a eles uma visão bruta e inédita de sua vida pessoal. Mas não apenas vimos como essa prática era frágil, já que um grande serviço de mídia social acabou com um menor, mas também analisamos os riscos da construção de capital social colocando muitas fotos suas online. Lembrando mais uma vez do trabalho de perfil, o esforço envolvido na criação e na promoção dessas *selfies* parece oneroso, mesmo para os muito atraentes. Isso nos levou ao trabalho coletivo dos vídeos do "Harlem Shake", que deram uma visão útil sobre o comércio de memes coletivos. Aqui observamos que, quando esse fenômeno decolou e uma gravadora lucrou porque os vídeos incluíam um trecho de seu conteúdo copiado (que era uma amostra do trabalho de outros artistas), é provável que os criadores amadores não tivessem consciência da riqueza que estavam criando.

No sexto capítulo, nós abordamos as mensagens e começamos com a tentativa fracassada do deputado Weiner de enviar uma mensagem direta obscena no Twitter. Isso nos levou a outra teoria ciberpsicológica, a teoria da comunicação hiperpessoal, que demonstra como os diversos recursos das mensagens online podem ser usados para atingir vários objetivos de comunicação. O fato de que podemos fazer coisas como editar mensagens e atrasar o envio delas significa que podemos enviar uma variedade de pistas a nossos destinatários e, ao mesmo tempo, evitar o vazamento emocional pelas expressões faciais e pelo tom de voz. Mas não podemos evitar que os carimbos de data/hora sejam transmitidos, e eles são importantes para entender as mensagens, especialmente em mensagens vazias como a "cutucada". Além disso, os padrões diários de envio de mensagens no Facebook mostraram como o uso de mídia social parece ocorrer quando os estudantes deviam estar estudando, mas também que as mensagens enviadas tarde da noite não resultam em amizades no Facebook.

Mas, pelas mensagens que são trocadas entre amigos do Facebook, vimos que, quando ocorrem revelações íntimas, os relacionamentos são mantidos. Além do mais, também parece que revelações públicas provavelmente não resultarão em um aumento na sensação de proximidade. É na privacidade das mensagens de mídia social que podemos verdadeiramente ser nós mesmos.

Mas as conversas pessoais algumas vezes transbordam para a área pública, e a pesquisa mostra que *subtweets*, de modo geral, produzem menos impressões favoráveis a respeito das pessoas que os postam. No entanto, embora as mensagens positivas sejam melhores quando ditas diretamente, as mensagens negativas são vistas com mais simpatia quando declaradas indiretamente. Provavelmente em virtude da natureza complexa dos públicos de mídia social, talvez exista um lugar para o *subtweet*, afinal de contas.

Isso parece explicar parte da atração pelos aplicativos de mensagens, que são preferidos pelos usuários pela privacidade e pelas gratificações sociais, enquanto a mídia social é priorizada pelas informações. Finalmente, isso nos levou a uma exploração da difusão de um rumor no WhatsApp durante um *lockdown* de segurança em Israel, no qual encontramos o dilema moral que podemos confrontar em uma emergência. Como avaliar quando o compartilhamento de informação pode ser prejudicial?

ESTUDO DE CASO: "HUMDOG"

O uso de comunicação mediada por computador durante uma situação tensa nos leva a nosso último estudo de caso. Voltamos agora a uma era imediatamente anterior ao surgimento da mídia social: a trágica história de Carmen Hermosillo. Em 2008, ela foi um dos primeiros casos conhecidos de morte relacionada à internet.[2] Antes de morrer, Carmen era muito ativa em um dos precursores da mídia social. Chamado de Whole

---

2 Embora não registrada oficialmente como um suicídio, as pessoas próximas consideraram a morte dela como um "suicídio passivo", pois ela parece ter parado de tomar medicamentos cruciais antes de morrer. Ver Meadows, M. S.; Ludlow, P.

Earth 'Letronic Link (ou WELL), esse mural de notícias eletrônico foi criado em 1985 e ainda está em operação hoje.[3] O WELL oferece diversos serviços, como e-mail e páginas pessoais na web, mas é mais conhecido por seus fóruns de discussão, também chamados de conferências. Foi num deles que, de meados da década de 1980 ao início da década de 1990, o WELL viu os primeiros exemplos de muitos aspectos da cultura da internet com que estamos bem familiarizados agora, e foi onde a própria ideia de uma "comunidade virtual" se originou.[4] Todos os debates a respeito da liberdade de expressão e da importância das amizades online aconteceram aqui e foram acompanhados pelo tipo de "discussão acalorada" que ainda caracteriza a comunicação mediada por computador.[5]

Seus membros incluíam vários pioneiros da internet, como John Perry Barlow, mas também Carmen Hermosillo. Ela estava presente em muitas outras comunidades online, mas é em sua presença no WELL que estamos mais interessados.

Muitas das primeiras comunidades eletrônicas como o WELL eram imbuídas de um tipo idealista, ou até mesmo utópico, de ideologia.[6] Talvez não tenha sido afirmada tão explicitamente quanto o lema do Facebook – "O Facebook ajuda você a se conectar e compartilhar com as pessoas que fazem parte da sua vida"[7] –, mas esse estado de espírito geralmente positivo impulsionou o desenvolvimento de comunidades online por muito tempo.

(2 set. 2009). A virtual life: An actual death. *h+ Magazine*. Disponível em: http://hplusmagazine.com/2009/09/02/virtual-life-actual-death/.
3 Well.com. (s.d.). What is The WELL? *The WELL*. Emeryville CA: The Well Group, Inc. Disponível em: https://www.well.com/about-2/.
4 Well.com. (s.d.).
5 Rheingold, H. (1993). *The virtual community: Homesteading on the electronic frontier*. Reading, MA: Addison-Wesley.
6 Turner, F. (2005). Where the counterculture met the new economy: The WELL and the origins of virtual community. *Technology and Culture*, 46(3), 485-512. https://doi.org/10.1353/tech.2005.0154.
7 Este foi o slogan na página inicial do Facebook de 2008 até 2012 (ver https://web.archive.org/web/20081226230545/www.facebook.com/ e https://web.archive.org/web/20121231135906/www.facebook.com/).

Carmen Hermosillo foi uma das primeiras pessoas a contribuir para muitas comunidades online, mas também uma das primeiras a furar esse pensamento. Em um artigo de 1994, "Pandora's vox: on community in cyberspace",[8] Carmen começa afirmando que ela supôs que interagir com as pessoas online seria igual a interagir com as pessoas em qualquer outro lugar. Mas não foi bem assim.

Ela continua descrevendo alguns incidentes perturbadores que aconteceram no WELL, como quando exemplos de infidelidade aparente e brigas de família aconteceram em conferências eletrônicas, explodindo em dias e dias de conversas emocionais.

Crucialmente, ela notou que o que tornava esses incidentes diferentes das situações normais no WELL é que seus proprietários decidiram excluí-los de seu registro. Para Carmen, é essa exclusão que nos permite ver o que acontece normalmente: conversas intensamente emocionais na verdade aumentam o tráfego no site. Ela argumenta:

> o que estou vendo aqui é que uma comunidade eletrônica é uma empresa comercial que se encaixa muito bem na tendência crescente para a desumanização na nossa sociedade: ela quer transformar a interação humana em mercadoria, aproveitar o espetáculo independentemente do custo humano.

Em outras palavras, apesar de o WELL ter, como ela disse, "uma aura hippie antiguinha" e de o espaço cibernético ser supostamente "um tipo de *ilha dos abençoados* em que as pessoas são livres para se deixar levar e expressar sua individualidade", a realidade é um pouco diferente: a lógica subjacente é comercial.

De modo similar, volte sua mente para os rumores de sequestro que se disseminaram pelo WhatsApp. Quando aqueles que quebraram a ordem de silêncio primeiro compartilharam as informações, não só não havia nenhuma autoridade moral visível para lembrá-los de que estavam fazendo algo ilegal, mas eles também não pararam para pensar que

---

8 Humdog. (1996). Pandora's vox: on community in cyberspace. In: P. Ludlow (ed.), *High noon on the electronic frontier: Conceptual issues in cyberspace* (pp. 437-444). Cambridge, MA: MIT Press.

estavam prestes a impulsionar uma quantidade significativa de tráfego para o WhatsApp.

Assim, quando as pessoas se envolvem em conversas emocionalmente carregadas nesses espaços, cria-se um espetáculo que aumenta o tráfego da internet. Desse modo, nossas dificuldades psicológicas pessoais são transformadas em algo de valor comercial: nós nos tratamos como uma mercadoria. Essa não é uma percepção confortável para muitas pessoas e todos os relatos afirmam que o artigo de Carmen Hermosillo provocou considerável consternação no WELL, do qual ela se distanciou a partir dessa ocasião. A história dela terminou de maneira trágica e nos lembra de pensar cuidadosamente sobre a mensagem que ela nos passa. Qual é nosso *valor* para a mídia social? Vale a pena mencionar que o perfil de Carmen Hermosillo ainda existe no LinkedIn[9] – ainda fornece conteúdo ao serviço de mídia social, apesar de ela estar morta há mais de uma década.

A PERSONALIDADE DIGITAL

Muitos aspectos da internet mudaram desde que Carmen Hermosillo escreveu, mas recentemente eu me lembrei da angústia dos pensamentos dela, pois a questão central que ela apontou continua a existir e, na verdade, se intensificou. A mercantilização da psicologia é evidente em toda a mídia social, como vimos em muitos lugares – o usuário do Last.FM tocando a mesma música em disco de vinil e no computador para que seu perfil ficasse atualizado, os adolescentes no Shox usando *selfies* para subir na escada social e os usuários do Twitter que compartilham informações pessoais em suas atualizações para não perder seguidores por causa do colapso de contexto. Isso me parece estar muito perto do tipo de desumanização contra o qual Carmem Hermosillo batalhou, mas aqui estamos interessados em algo mais sutil e mais presente.

---

9 Carmen Hermosillo. (s.d.). [página de perfil do LinkedIn]. Disponível em: www.linkedin.com/in/carmen-hermosillo-373a303/.

Depois da eleição presidencial norte-americana de 2016, muitas análises póstumas se concentraram no papel da mídia social, mas aqui vou me concentrar no aspecto mais relevante, ou seja, o artigo de pesquisa a partir do qual a Cambridge Analytica foi construída[10] e a controvérsia resultante que se seguiu.

Neste estudo,[11] Kosinski, Stillwell e Graepel estavam interessados em como os atributos particulares de uma pessoa – como traços de personalidade, crenças políticas e até mesmo sexualidade – poderiam ser previstos ao se analisar seu comportamento público, isto é, sua atividade na mídia social. Esse estudo teve mais de 58 mil participantes norte-americanos, um número extraordinário para esse tipo de estudo. O modo como eles conseguiram isso é muito inteligente metodologicamente, mas também muito revelador da psicologia da mídia social.

Se você passou algum tempo na internet recentemente, com certeza encontrou alguns questionários online. Uma parcela tão ampla da cultura pop tem sido expressa nesse formato que é difícil se lembrar de um tempo anterior a conteúdos tão preciosos como "Qual é o sabor de sorvete preferido de cada signo do zodíaco?"[12] e "Sabemos quantos parceiros sexuais você teve com base em seu prato favorito de batata".[13] As pessoas gostam de responder esses questionários e receber respostas tolas sobre si mesmas.

---

10 Cadwalladr, C.; Graham-Harrison, E. (25 mar. 2018). How Cambridge Analytica turned Facebook 'likes' into a lucrative political tool. *The Guardian*. Disponível em: www.theguardian.com/technology/2018/mar/17/facebook-cambridge-analytica-kogan-data-algorithm.

11 Kosinski, M.; Stillwell, D.; Graepel, T. (2013). Private traits and attributes are predictable from digital records of human behavior. *Proceedings of the National Academy of Sciences of the United States of America*, *110*(15), 5802-5805. https://doi.org/10.1073/pnas.1218772110.

12 Borns, J. (21 set. 2015). What's your Zodiac sign's ice cream flavor? *Buzzfeed*. Disponível em: www.buzzfeed.com/joannaborns/ice-cream-flavor-zodiac-sign.

13 Michonneau, P.; Padjemi, J. (8 jun. 2018). We know how many sexual partners you've had based on your favorite potato dish. *Buzzfeed*. Disponível em: www.buzzfeed.com/bullo/the-potato-knows-all.

A genialidade do estudo de Kosinski et al. é que eles usaram um mecanismo semelhante para atrair participantes e coletar dados. Um dos autores tinha criado o aplicativo myPersonality na plataforma do Facebook, e os usuários podia preencher um questionário de personalidade e receber uma resposta personalizada.[14] Em comparação à maioria das pesquisas psicológicas, isso era incomum: você raramente recebe resultados personalizados quando participa de um estudo. Assim, o estudo de Kosinski conseguiu muitos participantes ao colocar um questionário no Facebook e dar *feedback* psicológico, que presumivelmente era mais preciso que os mencionados antes.

Embora muito disso seja uma diversão inofensiva, acaba refletindo um vínculo profundo ainda pouco examinado entre a mídia social e a *psicométrica* – a subdisciplina que tenta medir e classificar fenômenos psicológicos, como nos questionários de personalidade. A ideia é que você dê às pessoas um questionário com muitas opções. Usando várias técnicas estatísticas, você pode agrupá-las em categorias segundo as opções que escolherem. Existe um certo grau de raciocínio circular aqui – você selecionou as respostas X porque você é um tipo de pessoa X? –, mas esse tem sido um problema contínuo na teoria psicométrica há décadas.

Assim, correlacionar dados de testes de personalidade com outras fontes de informação é de grande interesse para os psicometristas e, quando se tornou viável fazer isso com os dados de mídia social, isso representou uma oportunidade intrigante. Esta foi a etapa seguinte no estudo: depois de completar o questionário do myPersonality, os participantes tinham a opção de compartilhar suas curtidas do Facebook com os pesquisadores.

Em seu artigo, Kosinski et al. compararam essas curtidas com o que os participantes tinham respondido no questionário de personalidade, que também continha itens demográficos e uma medida de inteligência. Os resultados foram um tanto previsíveis: usuários do Facebook que curtiram "A Bíblia" tinham alta probabilidade de ser cristãos e os

---

14 The Psychometrics Centre. (s.d.). *MyPersonality database*. Cambridge Judge Business School, University of Cambridge. Disponível em: www.psychometrics. cam.ac.uk/productsservices/mypersonality.

que curtiram "293 coisas para fazer na aula quando você estiver entediado" provavelmente eram jovens.

Mas foi o fato de o estudo de Kosinski também isolar traços menos óbvios e mais confidenciais que causou controvérsia. Por exemplo, uma inteligência mais baixa foi prevista pela curtida de "Harley Davidson" e a homossexualidade masculina pela curtida de "Kathy Griffin". Durante todo o artigo, os autores destacam que as preocupações de privacidade são válidas aqui e apresentam desafios sérios. Por exemplo, uma seguradora poderia se aproveitar facilmente disso e visar aos fãs da *Família Addams* com anúncios enfatizando os benefícios de seguros, pois este artigo os revelou como pessoas com baixo índice de estabilidade emocional e, assim, mais suscetíveis a esse tipo de persuasão.

A controvérsia surgiu quando mais tarde foi divulgado que essas correlações tinham sido usadas para direcionar propaganda política. Porém, isso meramente deixou explícito o que há muito tempo estava oculto em plena luz do dia. Toda a sua atividade de mídia social está sendo examinada pelos proprietários do serviço a fim de direcionar anúncios mais efetivos: mais uma vez, estamos olhando para o lado submerso do iceberg do Facebook.

O estudo de Kosinski simplesmente mostrou como isso pode ser feito, e a Cambridge Analytica aceitou o desafio. Em outras palavras, uma versão mais sofisticada do que Carmen Hermosillo denunciou: a psicologia transformada em mercadoria. Seu modo de ser na mídia social essencialmente assume a forma de um cálculo de probabilidade: qual é a probabilidade de que você clique em um determinado anúncio. É assim que você é *valorizado*.

Na verdade, embora muita atenção tenha sido dada a este estudo, antes de ele ser publicado, o Facebook já tinha registrado uma patente com um objetivo semelhante – inferir traços de personalidade a partir da atividade de mídia social para refinar o direcionamento –, embora diga nunca a ter usado.[15] Embora a eficácia dessa metodologia para realmente

---

15 Cellan-Jones, R. (24 abr. 2018). Facebook explored unpicking personalities to target ads. *BBC News*. Disponível em: www.bbc.com/news/technology-43869911.

fazer os eleitores mudarem de ideia ainda esteja sendo discutida,[16] isso está fora do escopo deste livro. O que nos propomos a investigar é como esse modelo de psicologia se sustenta.

Muitos artigos de pesquisa se baseiam na suposição, como o estudo de Kosinski, de que os dados da mídia social refletem com exatidão a "vida real". Em um estudo específico sobre o serviço de mídia social russo VK (anteriormente conhecido como VKontakte), Donchenko e seus colegas começam com a afirmação bastante inócua de que "As redes sociais fornecem um poderoso reflexo da estrutura e da dinâmica da sociedade moderna".[17] Aqui, os autores estão interessados no conceito de "tensão social", ou em quão satisfeitos ou insatisfeitos diversos grupos sociais podiam se sentir em relação a sua vida e seu ambiente social em comparação com suas expectativas. Naturalmente, se os cidadãos não estão satisfeitos, a tensão social aumenta e, assim, podem ocorrer protestos.

Crucialmente, eles observam que os governos não têm "mecanismos de *feedback*" adequados para a tensão social. Donchenko et al. citam trabalhos anteriores que estimaram a tensão social usando indicadores econômicos como aumentos de preços e renda *per capita* e, é claro, questionários que mediam níveis de confiança e de insatisfação com autoridades públicas. Obviamente, o cálculo dessas estimativas será lento. Assim, se a mídia social realmente "refletir a estrutura da sociedade moderna", então a tensão social poderia ser automaticamente computada com o uso desses dados.

Desse modo, os autores pesquisaram os dados do VK em busca de indicadores de tensão social, usando palavras-chave para encontrar discussões sobre assuntos como desemprego, corrupção e inflação. Surpreendentemente, isso revelou que a tensão social parecia estar pouco em evidência durante os meses de inverno, mas atingia um pico depois

---

16 Eckles, D.; Gordon, B. R.; Johnson, G. A. (2018). Field studies of psychologically targeted ads face threats to internal validity. *Proceedings of the National Academy of Sciences*, 1(C), 201805363. https://doi.org/10.1073/pnas.1805363115.
17 Donchenko, D.; Ovchar, N.; Sadovnikova, N.; Parygin, D.; Shabalina, O.; Ather, D. (2017). Analysis of comments of users of social networks to assess the level of social tension. *Procedia Computer Science, 119,* 35 9-3 67. https://doi.org/10.1016/j.procs.2017.11.195.

de março: evidentemente ninguém protesta na Rússia durante a época mais fria do ano. Mas o estudo revelou que a tensão social atingia o ponto mais elevado entre os jovens usuários do VK nas grandes e ricas cidades como Moscou e São Petersburgo. Isso, na verdade, não nos diz muito. Donchenko e seus colegas recomendam mais pesquisas, mas nos fazem questionar: será que os dados de mídia social são uma representação exata da vida real?

EXCLUA SUA CONTA

Este ponto revela um problema estranho. Existe uma certa tensão, se não uma completa contradição, entre dois "fatos" regularmente afirmados sobre a mídia social. Por um lado, ela pode incentivar novos comportamentos – como o desafio do balde de gelo. Mas, por outro lado, ela reflete com exatidão quem nós somos, como acontece em qualquer estudo de API, como o de Kosinski. Não existe uma contradição aí? Como um estudioso conhecido da comunicação mediada por computadores, José van Dijck, afirmou, "Promover a ideia de metadados como traços do comportamento humano e de plataformas como facilitadores neutros parece claramente em contradição com as bem conhecidas práticas de filtragem de dados e de manipulação algorítmica por razões comerciais ou outras".[18]

Como podemos usar os mesmos serviços de mídia social para *refletir* e para *causar* fenômenos psicológicos? Eles não podem servir para as duas coisas, não é? No mínimo, voltando ao artigo de Bucher, no Capítulo 4, pareceria que aquilo que já é popular se torna ainda mais popular na mídia social.

Esse enigma nos leva a considerar o estado geral dos dados de mídia social. Seria superficial apontar os relatos recentes sobre o Facebook[19] e

---

18 van Dijck, J. (2014). Datafication, dataism and dataveillance: Big Data between scientific paradigm and ideology. *Surveillance & Society*, *12*(2), 197-208. https://doi.org/10.24908/ss.v12i2.4776.
19 Wagner, K.; Molla, R. (15 maio 2018). Facebook has disabled almost 1.3 billion fake accounts over the past six months. *Recode*. Disponível em: www.recode.

o Twitter[20] terem excluído milhões de contas "falsas", então vamos examinar uma falha diferente na fachada da mídia social. Um estudo interessante sobre a mídia social chinesa, de 2012,[21] pode nos esclarecer. Os relatos de atualizações politicamente delicadas sendo excluídas pelos censores do governo têm circulado há algum tempo, mas Bamman, O'Connor e Smith foram os primeiros a examinar empiricamente o fenômeno. Para fazer isso, eles realizaram uma análise de postagens do Sina Weibo usando sua API para recuperar 56 milhões de atualizações publicadas entre 27 de junho e 30 de setembro de 2011.

Claramente, como Bamman e seus colegas afirmam, nunca podemos saber *por que* uma atualização de mídia social foi excluída, mas eles registraram vários padrões extremamente reveladores. Após passado um curto período , eles fizeram uma amostra de 1,3 milhão de atualizações e usaram a API para verificar se elas permaneciam ou não online. Isso revelou que 212.583 haviam sido excluídas, o que corresponde a mais de 16%, uma quantidade significativa. Dentre elas, tomando o cuidado de evitar repetição e conteúdo de *spam*, os autores notaram um padrão claro de sensibilidade política nas exclusões. Atualizações que incluíam os caracteres no idioma chinês para "Ministério da Verdade", usados como uma referência irônica à propaganda do estado, tinham alta probabilidade de serem excluídas, bem como aquelas que se referiam ao Falun Gong, o grupo espiritual banido. Os autores também estimaram que até 50% de todas as atualizações postadas no Tibete foram excluídas, o que é um nível extraordinário de repressão. Mal posso imaginar qual é a sensação de usar a mídia social nesse contexto. Você consegue?

---

net/2018/5/15/17349790/facebook-mark-zuckerberg-fake-accounts-content-policy-update.
20 Timberg, C.; Dwoskin, E. (6 jul. 2018). Twitter is sweeping out fake accounts like never before, putting user growth at risk. *The Washington Post*. Disponível em: www.washingtonpost.com/technology/2018/07/06/twitter-is-sweeping-out-fake-accounts-like-never-before-putting-user-growth-risk/.
21 Bamman, D.; O'Connor, B.; Smith, N. (2012). Censorship and deletion practices in Chinese social media. *First Monday, 17*(3). https://doi.org/10.5210/fm.v17i3.3943.

Considerando os resultados do estudo israelense relatado no Capítulo 6, uma observação é muito interessante. A maioria das exclusões é politicamente sensível, mas um padrão foi menos óbvio, incluindo termos como "defesa nuclear" e "sal". Os autores sugerem que isso se refere a tentativas do governo chinês de suprimir informações falsas logo após o desastre nuclear de Fukushima em 2011. Neste caso, uma afirmação que se disseminou foi que as pessoas podiam se proteger do envenenamento por radiação usando sal iodado. Então, em vez de usar uma ordem de silêncio como os serviços de segurança de Israel, o governo chinês simplesmente excluiu o boato do Sina Weibo. Dá até para nos perguntarmos se outros governos desejariam também remover boatos do registro da mídia social, mas estou divagando.

O que é considerado socialmente indesejável pelas autoridades chinesas é apagado da mídia social: simplesmente não há dados sobre isso. Então, esse estudo de API realmente mostra as limitações desse tipo de pesquisa. Mas, ainda mais importante, ele também mostra, mais uma vez, os perigos de colocar a própria psicologia nas mãos de um serviço de mídia social que pode excluí-la quando quiser.

Pode-se argumentar que esse tipo de censura só acontece na mídia social chinesa. Porém, os serviços ocidentais têm problemas de um tipo diferente, mas de magnitude semelhante. Em um estudo recente,[22] Mihály Héder relata um "mercado negro" para votos positivos no Reddit e outros serviços de mídia social. Ele estava interessado na prática de microtrabalho, em que as empresas podem pagar pessoas em plataformas de *crowdsourcing* para executar tarefas pequenas e subalternas que podem ser feitas rapidamente por uma pequena taxa. Isso poderia ser, por exemplo, verificar se um site carrega corretamente ou se as fotos incluem o que deveriam incluir – a ideia é que você pudesse fazer centenas delas no decorrer de um dia e potencialmente ganhar um dinheiro honesto.

Héder investigou uma dessas plataformas de microtrabalho e registrou o conteúdo das tarefas. Surpreendentemente, a maioria delas parecia envolver diversos serviços de mídia social, entre eles Reddit, Instagram,

---

22 Héder, M. (2018). A black market for upvotes and likes. Disponível em: http://arxiv.org/abs/1803.07029.

Facebook, LinkedIn, Snapchat e Twitter. Embora estivesse listada uma ampla diversidade de atividades, as campanhas mais comuns e que tinham os maiores orçamentos incluíam curtir/votar positivamente, comentar/postar e criar contas nesses serviços. Por exemplo, Héder relata que uma campanha gastou o extravagante valor de US$ 251,90 para adquirir 2.290 contas do YouTube, o que parece surpreendentemente barato. O que você poderia fazer com 2 mil contas de mídia social?

Notando que estava examinando apenas uma de um grande número de plataformas de *crowdsourcing* semelhantes, Héder chegou a algumas conclusões em relação à eficácia das campanhas que registrou. Em termos de curtidas e votos positivos, ele deduziu que os números envolvidos não fariam grande diferença em relação às histórias da grande imprensa, como aquelas que envolvem acontecimentos políticos ou celebridades. No entanto, elas certamente teriam um impacto em contextos menores: por exemplo, ele contou que mais de 77 mil votos positivos tinham sido comprados no Reddit, o que teria uma influência considerável em qualquer uma de suas comunidades.

Em relação a comentários, embora Héder afirme que não era claro qual objetivo eles alcançariam, o fato de que 60 mil deles foram comprados no YouTube seria o bastante para desviar qualquer conversa ali. Da mesma maneira, em relação a votações online, ele observou que todas, exceto as maiores disputas, podiam ser desviadas por campanhas que usassem esse tipo de plataforma de microtrabalho. Finalmente, ele também diz que o fato de ter observado várias milhares de contas de mídia social mudando de mãos é perturbador e, sem dúvida, apresenta riscos de segurança significativos.

Nossas preocupações são um pouco diferentes. Lembre-se de que, no Capítulo 2, observamos que o Reddit permite a criação de contas descartáveis, ao contrário de outros serviço de mídia social. Esqueci de mencionar que existe uma condição para essa política: "desde que você não faça isso para dar votos-fantasma às suas próprias publicações".[23] Em

---

[23] Reddit. (2018). Frequently asked questions. *Reddit*. Disponível em: www.reddit.com/r/%20reddit.com/wiki/faq.

outras palavras, faça o que você quiser, mas não interfira nos números. Mas, na verdade, os números sofrem interferência em todas as plataformas de mídia social, desde que seus bolsos sejam profundos o bastante. Assim, o que é popular na mídia social ocidental pode simplesmente ser o que o dinheiro pode comprar.

VALORIZANDO A NÓS MESMOS

É difícil sustentar a afirmação de que os dados de mídia social representam de modo preciso a psicologia humana porque muitos deles são inflados artificialmente em várias direções. Mas, de maneira mais crucial, com todo o conteúdo censurado, contas falsas e números inflados, então como exatamente pode o nosso comportamento na mídia social ser autêntico? Talvez seja por isso que o "trabalho de perfil" seja tão exaustivo – porque estamos em um ambiente tão incerto.

Naturalmente, o outro lado desse enigma permanece: a mídia social influencia ou não a psicologia? Agora, tenho certeza de que você pode ver como essa questão parece simplista diante de um fenômeno tão complexo. Vimos as diferenças entre os serviços – como o Facebook e o Snapchat são diferentes em relação ao capital social, e como o Instagram e o Flickr têm redes sociais distintas. Também vimos que mudanças no design produziram consequências psicológicas, como a introdução do feed de notícias do Facebook e sua transformação de ordenamento cronológico a algorítmico; além disso, dentro das características amplas da mídia social (a fixidez dos perfis, os grupos exclusivos em nossos contatos, a visibilidade de nossas atualizações e a permanência da mídia que compartilhamos), como esses efeitos devem ser multifacetados. Além disso, tendo em mente os muitos serviços que já não existem, justapostos aos serviços que ainda funcionam com muitos anos de conteúdo arquivado, é difícil avaliar os efeitos sobre o desenvolvimento.

Assim, um aspecto crucial da psicologia da mídia social se torna o quanto entendemos como esses serviços funcionam. Nos próximos anos, pode muito bem ocorrer que o desfecho das controvérsias atuais seja acabarmos com serviços de mídia social mais inteligentes e, talvez, também um entendimento mais profundo da psicologia humana, mas ainda estamos bem longe disso.

Nas sociedades tecnológicas de hoje, gerenciar indivíduos exige que lidemos com valores particulares. Mas, na maioria dos casos, esses números são calculados de maneira transparente. Idade, avaliação de crédito, índice de massa corporal, saldo bancário, notas de exames, impostos – os números cruciais que avaliam o indivíduo em uma burocracia moderna – são relativamente transparentes quanto ao modo como são calculados. Em contraste, como a mídia social nos avalia continua obscuro.

Consequentemente, talvez o motivo pelo qual às vezes nos sintamos decepcionados com a mídia social seja que, bem no fundo, nós sabemos, como Carmen Hermosillo sabia, que estamos sendo usados. E claro, muito do tempo na mídia social é divertido e agradável, mas talvez isso aconteça porque, como muitas verdades, essa realidade da mídia social permaneça não mencionada.

Como já foi sugerido antes, existe um tipo de dilema do prisioneiro em jogo na mídia social. Se todos resistissem a compartilhar suas informações particulares com esses serviços, então eles teriam de encontrar alguma maneira de operar sem isso. Mas como parecemos ter um desejo intenso de ver as informações pessoais uns dos outros, nós divulgamos as nossas como parte de uma negociação. E esse é o problema no cerne do paradoxo de privacidade: nós buscamos o lucro pessoal ao nos promovermos na mídia social, enquanto coletivamente nossa privacidade seria mais forte se não fizéssemos isso.

É por esse motivo que suspeito que boicotes contra a mídia social como #deletefacebook ou #DeactiDay não dão em quase nada. Agora que a maioria das pessoas está na mídia social, ela tem um tipo de efeito de monopólio e, assim, a qualidade de uniformidade que mencionei no início provavelmente continuará, pois não existem alternativas viáveis no horizonte.

Todos precisamos ser um pouco mais inteligentes a respeito de como usamos esses serviços, não só aqueles que enviam mensagens de madrugada. Ninguém jamais teve qualquer treinamento sobre como usar a tecnologia que bilhões de nós incorporamos em nossa vida cotidiana, com multitarefas durante o trabalho e o lazer. Isso deve mudar – é claro que a educação digital mais ampla e abrangente é garantida em muitos países. Do mesmo modo, os criadores de políticas precisam desenvolver regulamentação mais inteligente, o que requer mais pesquisas interdisciplinares, críticas e transparentes. Todos têm um papel a desempenhar para fazer a mídia social funcionar melhor, e os usuários precisam pensar cuidadosamente sobre aquilo que desejam dela. Crucialmente, os proprietários desses serviços precisam considerar não tanto o modo como as pessoas usam a mídia social para se conectar umas com as outras, mas também como cada usuário utiliza os serviços para se conectar consigo mesmo.

Não mencionei, no início deste livro, como ele surgiu. Há quase uma década, eu comecei um blog sobre a psicologia do Facebook. Eu tinha certeza de que o Facebook logo desapareceria, como aconteceu com o Bebo e o Friendster, e que a "PsychBook Research" ("Pesquisa de PsicoBook") seria um projeto interessante por um ou dois anos e, depois, eu faria alguma outra coisa. Felizmente, eu nunca imprimi essa previsão, mas esse é o motivo pelo qual eu evito fazer qualquer previsão sobre esses tópicos.

Porém, como afirmei no primeiro capítulo, embora a mídia social seja muito pessoal, como um diário ou um livro de autoajuda, ela é essencialmente uma transmissão pública, como a televisão ou um jornal. Muita atenção tem sido dada ao segundo aspecto desses serviços, mas espero que, ao fechar este livro, você possa apreciar que o futuro depende igualmente da compreensão do primeiro: a psicologia da mídia social.

LEITURAS COMPLEMENTARES

Beer, D. (2016). *Metric power*. London: Palgrave Macmillan.
boyd, d. (2014). *It's complicated: The social lives of networked teens*. New Haven: Yale University Press.
Danziger, K. (1997). *Naming the mind: How psychology found its language*. London: Sage.
De Vos, J. (2013). *Psychologization and the subject of late modernity*. London: Palgrave Macmillan.
Howard, P.; Wooley, S. (ed.). (2018). *Computational propaganda: Political parties, politicians, and political manipulation on social media*. Oxford: Oxford University Press.
Hughes, B. (2018). *Psychology in crisis*. London: Red Globe Press.
Livingstone, S.; Blum-Ross, A. (2020). *Parenting for a digital future: How hopes and fears about technology shape children's lives*. Oxford: Oxford University Press.
Marwick, A. E. (2013). *Status update: Celebrity, publicity and branding in the social media age*. New Haven: Yale University Press.
Rainie, L.; Wellman, B. (2012). *Networked: The new social operating system*. Cambridge: MIT Press.
Rose, N. (1989). *Governing the soul*. London: Free Association Books.
Suler, J. R. (2015). *Psychology of the digital age: Humans become electric*. Cambridge: Cambridge University Press.
Taylor, C. (1989). *Sources of the self: The making of modern identity*. Cambridge: Harvard University Press.
Vaidhyanathan, S. (2018). *Antisocial media: How Facebook disconnects us and undermines democracy*. Oxford: Oxford University Press.
van Dijck, J. (2013). *The culture of connectivity: A critical history of social media*. Oxford: Oxford University Press.